科学捜査とエドモン・ロカール

フランスのシャーロック・ホームズと呼ばれた男

ジェラール・ショーヴィ 著 ／ 寺井杏里 訳

鳥影社

“LES ARCHIVES DE LA POLICE SCIENTIFIQUE FRANÇAISE”

DES ORIGINES Á NOS JOURS

de Gérard CHAUVY

First published in France by Hors Collection, 2013
This book is published in Japan by arrangement with Gérard CHAUVY,
through le Bureau des Copyrights Français, Tokyo.

はじめに

「コナン・ドイルの生み出したシャーロック・ホームズが犯人を追い詰められたのは、取り調べや尋問のおかげではありません。それは倦《う》むことなく、かすかな足跡を調べ、指紋を分析したおかげなのです。彼が現場で探し出し、明らかにした手がかり、これらが証拠となる。シャーロック・ホームズは、犯罪捜査における革命なのです」

一九一九年五月、リヨン科学文芸アカデミーの入会演説でエドモン・ロカールは、有名な作家コナン・ドイルの生み出したヒーロー、シャーロック・ホームズについて聴衆にこう語った。この考察は、時代の一歩先を行っていた。

「ですが、コナン・ドイルの小説によって捜査術が注目されたという考えは、途方もない誤りです。明白な証拠から犯人を発見できるという概念を広めましたが、それはただの無意味な言葉などではなく、科学者たちが発した言葉が学説となり、想像の産物でしかなかったものが現実世界でも実体化されたのです。ラカサーニュとその教え子たち、ベルティヨン、ライス、ストッキス、グロスといった人たちの功績といえるでしょう。小説の捜査官とは別に、研究所の捜査官というものが誕生しました。小説と比べると、研究所の中で行われる冒険には大きな違いがあります。予期せぬ結果がさほど発生しないという点です」（＊1）

こう語ったロカール自身、そのことを嫌というほどわかっていたし、名前を挙げた「科学者たち」の中に、ロカール本人の名前を加えてもおかしくなかった。

一九一〇年一月、エドモン・ロカールは六三〇平方メートルほどの部屋に研究所を開設した。リヨンのサン＝ジャン通り三十五番地にある裁判所の屋根裏部屋である。フランス初の科学捜査研究所だったが、ひっそりと、質素な形で開設された。ここからすべてが始まった。「すべて」とは、犯罪捜査に科学的手法が利用されることである。ロカールの恩恵を受けたテレビシリーズはいくつもあるが、特に大ヒットした米国のテレビドラマ「ＣＳＩ：科学捜査班」シリーズでは、あるエピソードでエドモン・ロカールの名前と、犯罪捜査の基本でもある〈ロカールの交換原理〉を引用している。「あらゆる接触が痕跡を残す」というものだ。指紋、足跡、衣服についた痕跡や残された繊維、死体、筆跡などは科学的に調べる要素の一部で、犯人を見つけるうえで役に立つ。科学捜査の分野でエドモン・ロカールは先駆者であり、彼が開設した科学捜査研究所は世界標準となり、各国の有名人を迎えた。ＦＢＩ長官のＪ・エドガー・フーヴァーとも接点があった。大がかりな犯罪の捜査にも協力し、一九二二年には、チュールで起きた匿名の手紙をめぐる事件でロカールは名声を高めた。この事件は一九四三年に、ジョルジュ・クルーゾー監督が「密告」の題で映画化した。また、様々な分野の専門家として、ロカールは歴史上の事件の謎解きに挑んだ。この魅力的な人物は〈フランスのシャーロック・ホームズ〉と評され、趣味の分野でもマルチな才能を発揮した。

今度は我々が調査する番だ。フランスに科学捜査研究所を開設することになる、その起源にさかのぼるのだ。現在、この機関は、リヨン近郊エキュリーにある国立科学警察研究所に所属する。後輩たちはエドモン・ロカールの仕事を継承し、最新技術によって飛躍的に精度を向上させた。

＊巻末の出典一覧を参照

科学捜査とエドモン・ロカール
―フランスのシャーロック・ホームズと呼ばれた男―

目次

第五章　シャーロック・ホームズからエドガー・フーヴァーへ

第一章　近代警察の誕生

アパッシュから〈虎〉の機動班の誕生まで
～警察は何をしているんだ？

警察の新時代

リヨン旧市街の細道に人影が現れる。ガス灯が揺らめき、立ち込める霧で見通しは悪く、この土地らしい光景だ。身震いしてしまうのは、人通りのある場所なのに、道行く人たちは急ぎ足で通り過ぎ、重苦しい空気に包まれているためだ。

「サン＝ジャン通りから階段を上っていくと、格子の付いた二つのドアで区切られていました。いちばん上の屋根裏部屋に着くと、広い部屋の中でデュフォー、グランジュヴェルサン、プーの三人の刑事が夜中に拘留された人物の指紋を採取し、ポルトレ・パルレ［犯罪者の写真に目や髪、肌の色、体型など身体的情報を細かく書き加えたもの］を作成しています。左手の少し離れた場所では、ピコー刑事が暗室で犯行現場の写真を現像しています。

正面には二つの続き部屋があり、一つは博物館、もう一つは兄のジャック・ロカールが化学実験を行う実験室です。兄は検死を任されていました。（中略）父のエドモン・ロカール博士は、広い部屋のいちばん奥の小部屋にいます。いつも整頓され、大きな本棚の前には犯罪に関連し

た本や雑誌が積み重なっていました」(1)
研究所を訪問した時の様子を、ドゥニーズ・スタニャーラはこのように描写している。リヨンにあるこの研究所は一九一〇年、彼女の父であるエドモン・ロカールが開設した。ロカールは魅力的な人物で、〈フランスのシャーロック・ホームズ〉とあだ名された。やがて「科学捜査研究所」と呼ばれるこの機関が誕生し、発展を遂げた当時、アーサー・コナン・ドイルの生み出した有名な人物のあだ名がついたのには理由がある。捜査の分野で革命が起こり、ロカール博士は主要な役割を演じた。十九世紀から二十世紀への転換期は、開拓者たちによる新しい時代の幕開けだった。

コラム：強盗団

フランス各地で強盗団が跋扈《ばっこ》していた。中でも、ドローム県の山賊の悪行を知らない者はなかった。三年間で老人ばかり十数人が殺害されたが、その手口は両足の裏を火で炙《あぶ》り、蓄えた金のありかを無理やり言わせて奪うという、残忍なものだった。別の一味は、ジロンド県のランゴン駅で軽食堂を営むブシェリという男に率いられ、悪事を働いていた。アベル・ポレ率いる〈アズブルックの強盗団〉は、組織だった犯行でフランドル地方を荒らし回り、一九〇六年春に密告から逮捕されるまで野放し状態だった。一風変わった〈アバーヴィルの強盗団〉は、植字工から頭脳派犯罪者に転じたアレクサンドル・ジャコブ〔怪盗アルセーヌ・ルパンのモデルという説もある〕が仕切り、一九〇五年三月には二十数名の共犯者と共に裁判にかけられたが、首領ジャコブは死刑を免れた。この寛大な心を持つ悪党は、〈アナーキストの泥棒〉に扮《ふん》した近代のマンドラン〔十八世紀にローヌ地方を荒らした山賊の頭目〕に見えないだろうか？

アパッシュ

ウージェーヌ・シュー〔作家。『パリの秘密』など〕もバルザックも、ヴィドック（徒刑囚から国家警察の局長になった）も「アパッシュ」を知るまい。一九〇七年九月十三日付のパリの日刊紙「ル・ゴーロワ」の一面にこの言葉が登場した。アパッシュは「最近誕生した言葉」で、「詐欺師、強盗殺人犯、場末のごろつき、短刀を持った盗人など、社会のはみ出し者のことで、きつい野良仕事をするぐらいならどんな事でもする、ドアをこじ開け、通行人の腹をかき切る卑劣漢」を集約した「あだ名」である。

アパッシュは至るところに現れ、やがてパリ市民はある種の考えに取りつかれる。「ナイフで刺されたとか、拳銃で撃たれた、といった記事が新聞を賑わせている。（中略）市民は不安を覚え、〝アパッシュ〟を恐れ、恐怖は募り、いらだち、激しい苦痛に苛まれる。機会に恵まれると、通行人は兄弟たちと協力して〝アパッシュ〟に制裁を加えるのだ。まるでここはパリではなく、カリフォルニア州であるかのように」

パリの中産階級を脅かしたのはアパッシュだけではない。一九〇七年三月二日付の「ル・プチ・ジュルナル・イリュストレ」では重罪院の陪審団について「殺人犯に対して、良心に基づき評決を下すため法廷に呼ばれた市民らが、犯罪の進化に恐れをなし、ギロチン刑の存続を要請した」と報じた。

フランス社会は、非定住者、ロマ、浮浪者、物乞いなどに乱雑に分類された、単独犯の問題にも直面した。

このような犯罪者が集団になると、人々の恐怖はとてつもなく高まった。一九〇七年六月、シャラント゠マリティーム県で〈キャラバン・ア・ペペール〉が逮捕された。あらゆる社会のはみ出し者ばかりで構成された五十人を超える大集団で、厚かましくも人々から略奪し、気の向くまま街から街へと移動するので、人々は安心できなかった

違うタイプのサディスティックな単独犯に、今で言う連続殺人犯《シリアルキラー》のジョゼフ・ヴァシェがいた。〈切り裂き魔〉とも〈羊飼い殺し〉とも呼ばれ、一八九四～一八九七年にかけて十一人［被害者はさらに多いという説もある］を殺害した。人里離れた場所に住む女性や子供ばかりが喉

をかき切られ、腹を切り裂かれ、死体をバラバラにされ、強姦された。

警察は何をしているんだ？

当時、主だった犯罪や陰惨な事件が大衆紙を賑わせたが、次から次へと恐怖をあおる描写が登場したため、不安の声や憤慨の声が起こった。一九〇七年、「ル・プチ・ジュルナル」紙にある絵が掲載されると、大統領恩赦に猛反対が起こった。恩赦は少女を殺害したソレイランに対するもので、「その犯罪の恐ろしさから、大衆の激しい怒りを引き起こした」うえに、「(記者のコメント）実のところ、人道主義を理由に恩赦を与えるには時期が悪すぎる。人命を脅かす犯罪は今でも起こり続け、ますます危険なものになっている」。

その結果、「人命を脅かす犯罪」には厳格な判決を下し、ギロチン刑に処すべきだという、正義の処罰を求める声が起こった。だがそもそも、警察は悲惨な事件を防ぐことはできなかったのだろうか？

〈虎〉の機動班

この段階で争点が政治的になり、一人の人物がお得意の警察組織再編を行うことになる。一九〇六年十月、ジョルジュ・クレマンソーが首相に就任する。その数日前はまだ内務大臣だったが、「民主主義を表す唯一の警察、それは司法警察だ。軽犯罪から殺人まで扱う警察、すべての市民を守る存在であり、専横的に動くのではなく、自由に動くのだ」と発言している。言葉だけでなく、確固とした態度も見せた。〈虎〉と呼ばれたクレマンソーの信念を疑う者がいたのか、「気骨を見せる時が来た」とばかりに、首相に就任すると同時に敢然と実行した。

一九〇七年十二月三十日の政令《デクレ》により、警察内に機動班（別名 mobilards《モビラール》）が新設されたが、発案者クレマンソーにちなんで“brigades du Tigre”〈虎の機動班〉と呼ばれた。後年、この題名でテレビシリーズになり大ヒットしたが［日本では「タイガー警察隊」］、映画にもなった。機動力が高いとは言えなかった警察を効率

的に近代化するため、さしあたってパリ、リール、カン、ナント、トゥール、リモージュ、ボルドー、トゥールーズ、マルセイユ、リヨン、ディジョン、シャロン＝シュル＝マルヌといった主要都市で新しく機動班を設置し、一九〇八年三月の後半から稼働させた。一九〇九年二月二十一日付の「ル・タン」紙に「機動班の構成は、警視長十二名、警視三十六名、警部一三〇名」とある。この日発表された最初の成果は、逮捕二六九五件、犯罪行為の内訳は次のとおりである。「殺人三十六件、犯罪者集団三十四件、密輸入二十一件、脱走兵・軍法不服従兵九十二件、詐欺勧誘行為一九〇件、スパイ行為三件、通貨偽造・流通十件、国外退去六十八件、鉄道地内立ち入り二五二件、賭博詐欺九十三件、殺人未遂二十九件、浮浪罪五三〇件、強姦七件、窃盗未遂七四五件、重窃盗罪一九三件、すり・ひったくり一一七件、ホテル泥棒四件など」

無能呼ばわりされていた地元警察、憲兵隊［小規模なコミューンでは憲兵隊が警察活動を行う］、農村保安官の捜査効率は改善された。それまでは鉄道や電話、電報を駆使して国境を越え、追跡者をまいていた犯罪者に先を越されていたのだ。捜査官の装備は格段に向上した。武器は八ミリ口径ライフルとブローニング自動式拳銃が採用され、やがて一九一一年になると自動車が導入された。ド・ディオン＝ブートン車は特にカン、モンペリエ、リヨンの機動班に使用された。犯罪者と同じように、警察も組織的に動けるようになった。この改革は、クレマンソーに任命されたセレスタン・エニオンによるものだった。

クレマンソーの腹心たち

一八六二年、ノール県に生まれたセレスタン・エニオンの経歴は軍隊から始まる。一八八六年まで南チュニジアに駐留し、退役後は内務省に入る。鉄道警察の警部補としてエニオンは能力を発揮し、やがてヴェルダンで警察署長になる。一八九二年、パリに新設された競馬賭博関連警察部局の局長に就任。その後、国家警察では警視正として犯罪者の動向を追跡し、テロ対策（特にアナーキストによるテロ）を行う特別部門を指揮した。この申し分のない経歴がクレマンソーの目に留まり、一九〇七年一月には国家警察で新部門の局長に任命される。エニオンこそ機動班を新設し、同時に現在のフランス国家警察の基礎を作り上げた人物である。初代の〝ボス〟となったのは、ジュール・セビーユだった。

一八五七年、オーブ県の慎ましい農家に生まれたジュール・セビーユは、一八七五〜一八八〇年まで海兵隊に所属し、その後ニームで会計士を目指す。一八九五年に警察に入り、四等巡査からキャリアを始める。その後はポン＝サン＝テスプリ、ベセージュ、ニームと各地を転任し、やがてドローム県ではヴァランス警察署長となる。勇敢で高潔、厳格という優れた資質を持ち、同僚が「清教徒《ピューリタン》」とあだ名したほどだったが、昇進するのも当然の結果だった。一八九八年、リヨン警察に異動する。リヨン警察は一八五一年に、リヨン市の自治体警察から国家警察になっている。

一九〇五年、リヨン警察で局長に就任する。この頃、セレスタン・エニオンと知り合い、有能な協力者と認められる。セビーユは一九〇七年三月に、現在の司法警察中央局の前身組織である捜査局の総合監視部門で、別格待遇の警視として任命される。彼の組織者としての手腕は目覚ましいものだった。一九三二年に七十五歳で引退するまでほぼ終生、警察官として生きた。レイモン・ポワンカレ大統領は、「セビーユ、君を終身任命する」と言ったという。

フランス国家警察の再編、立て直し、優秀な人材の配置という政治的意向はきわめて重要だった。だが、捜査には欠かせないものがある。それは犯罪の解明である。どんな種類の犯罪であれ、犯人を特定するう

えで新たな方法を採用し、従来の倫理的とは言えない古い方法は廃止する必要があった。当時は、強制的な自白がまかり通っていた。煙草や食事を気前良く与えて説得し、自白に持ち込むのだ。

十九世紀初頭には、たれこみ屋の利用や、情報提供と引き換えに警察が違法行為を見逃すこと——売春婦や浮浪者から情報をもらう代わりに庇護する——が行われていた。ヴィドックの活躍した時代にはこのようなやり方が有効だったが、周囲をしっかりと観察している必要があった。

セビーユ警視は改革に着手した。地方警察から情報を集めて記録を一括管理し、一九〇七年六月には犯罪者の調査目録を掲載した「犯罪捜査週報」を創刊したが、これは後年の指名手配書の元となった。また、この改革にはある人物が大きく関わっていた。

ベルティヨンの功績

パリ警視庁の若き事務職員だったアルフォンス・ベルティヨンは、犯罪者の特徴を記録したカードの分類方法に不満を抱えていた。型破りな経歴の持ち主で、家庭環境の影響もあっただろう。母方の祖父は統計学者で人口統計学の元祖、医師である父親は人類学を学ぶ学校を創設し、兄はパリ市の統計局長を務めた。ベルティヨンは熱意を持って、人体測定カードのシステムを確立しようとするが、周囲の理解を得られなかった。犯罪者の身体測定を行うというアイデアは、ベルギーの天文学者、数学者にして統計学者のアドルフ・ケトレーが考案した民族学的調査［身体的データの計測を行った］がヒントになっている。一八七九年、なかなか成果の出ない試験運用を経て――報告書には、アンドリュー警視総監から理解を得られないことへの不満がもれている――後任のジャン・カメカッス警視総監の在任中にチャンスが訪れる。ようやくベルティヨンは、犯罪者の身体的特徴を計測・記録することを正式に許可された。

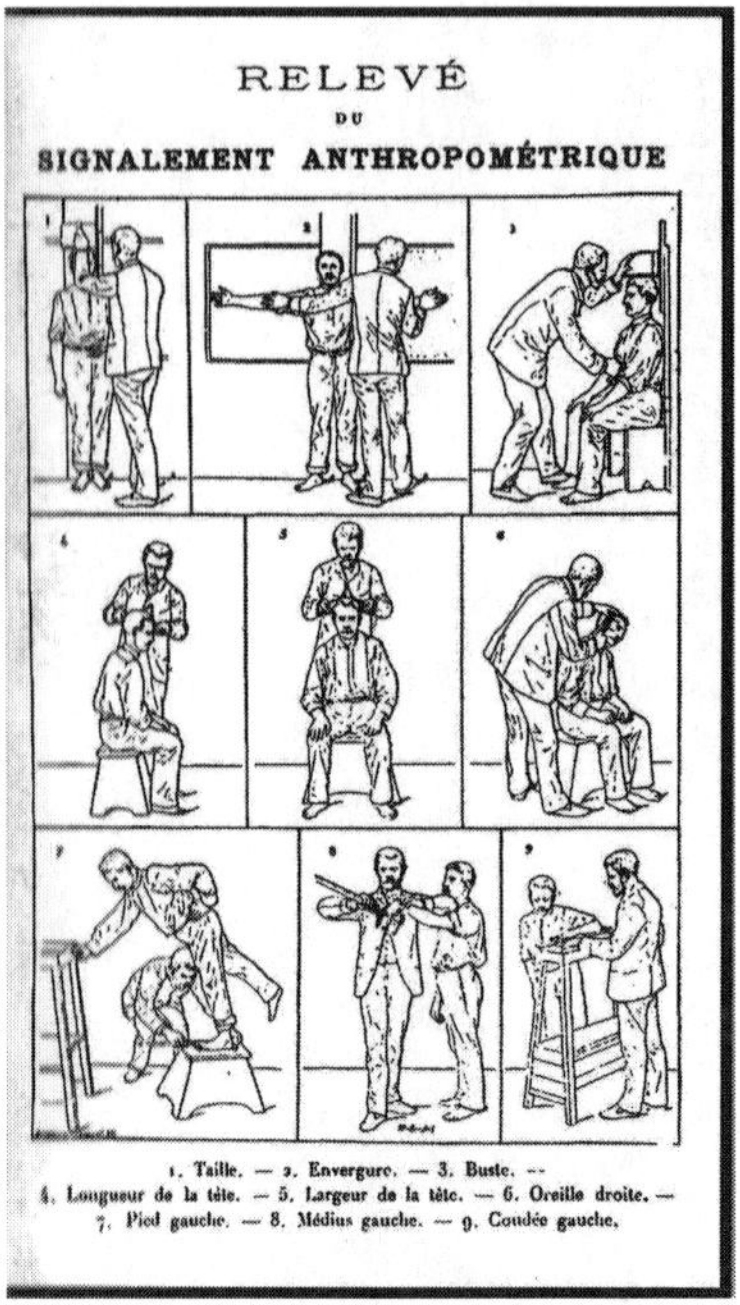

　身体的特徴の記録として骨格計測を行い、身長、頭蓋、両腕を伸ばした幅、胸囲、頭の縦の長さと頭幅、耳、足のサイズ、左手の中指と小指の長さ、左肘から中指先端までの長さなど、身体の様々な箇所を計測し

た。その結果を人体測定カードに記録していき、やがて成果が出る。一八八三年二月、ベルティヨンはついにこの方法で再犯者の特定に成功した。この年は犯罪者を四十九件特定し、その四年後には一〇〇〇件以上に到達した。「ベルティヨン方式」は雑誌の特集記事でその名が知られるようになり、一八八九年のパリ万博で一躍有名になる。ベルティヨンの仕事は間接的に犯罪学者ガブリエル・タルドに影響を与えた。どのような人間が殺人犯になるのかという研究の中で、タルドはベルティヨンの人体測定法と、花の名前を調べる若い薬草販売人の方法とを比較した。ベルティヨンの人体測定カードには傷跡、ほくろ、刺青といったほかの身体的特徴の記録も次々と増やし、手間のかかる仕事から成果を得られるようになった。

近代的な警察と呼べるのか？

サディ・カルノー大統領政権下の一八九三年八月、警視総監ルイ・レピーヌ率いるパリ警視庁では正式に鑑識課を設立し、ベルティヨンが課長に就任した。彼は人体測定法、写真、犯罪記録簿を一つにまとめた。犯罪記録簿にはフランス国内での有罪判決の記事が添えられ、その数は一八九三年には八〇〇万件にのぼった。写真はファイルの一部に取り込まれ、正面と横顔のほか、犯行現場の写真と見取図も加えられた。

二十世紀初頭、新聞の様々な記事で科学捜査の見出しが躍った。パリ市議会議員レオポルド・アシールは、警視庁の予算とベルティヨンの人体測定課（鑑識課の前身）について語ったが、

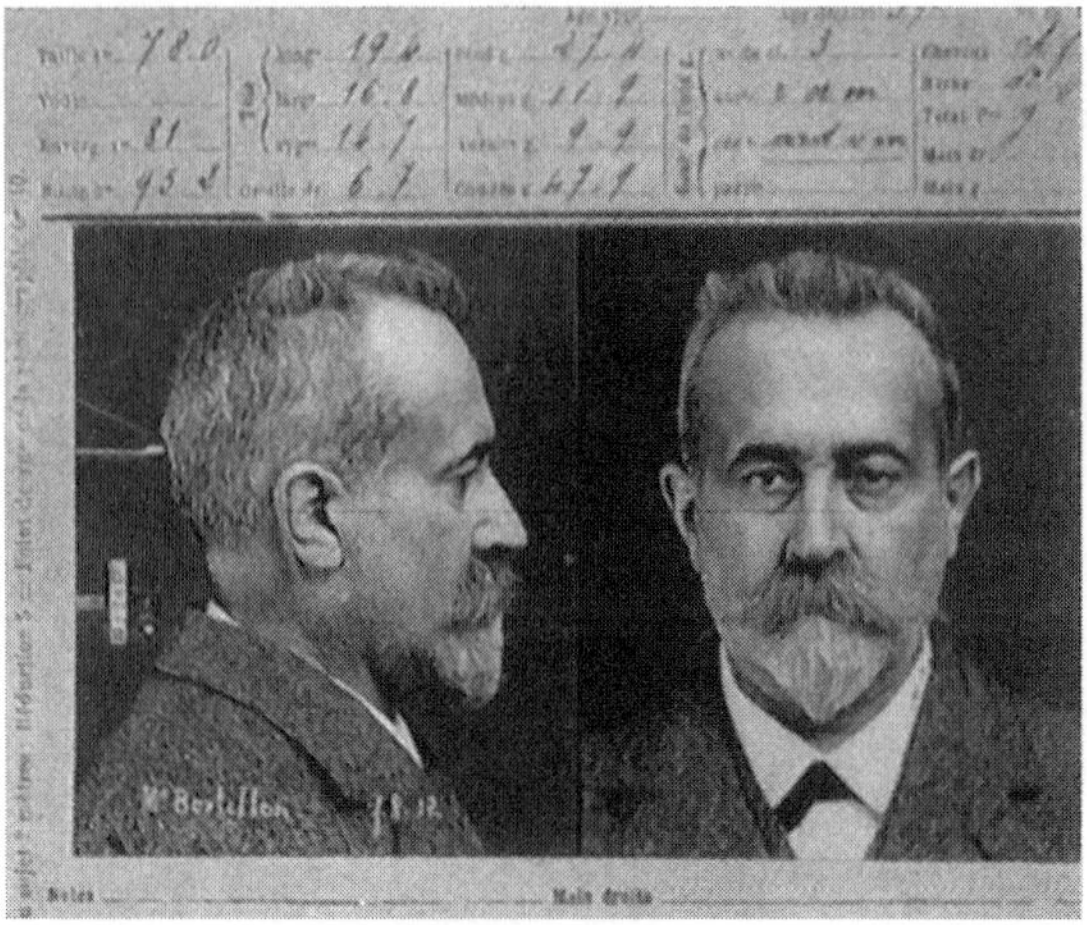

その記事の見出しは「一連の犯罪捜査学」というものだった。

記事には記録、分析、特定を行う方法が書かれているが、その対象は、汚れ、指紋、人間の毛髪や動物の毛など、要するに犯行現場で見つかったものすべてである。ベルティヨン方式への意見は好意的だった。その流れで、アシール議員は、ローザンヌ大学が一九〇六年に法学部の学生を対象に科学写真講座を開設し、ライス博士が担当することを述べ、パリ警察のやり方を引き合いに出した。

ベルティヨンへの称賛は尽きなかったが、特に「ポルトレ・パルレ」という、目の色、耳や鼻、額の形

など、身体的特徴を記述したものに言及した。研究用に、ライスはパリ警視庁も採用しているＤＫＶを使用した。ポルトレ・パルレでは、小さな写真の外側に身長、髪や目の色、その他の特徴を記入し、ベルティヨンはこれを小冊子形式にまとめ、従来のカード形式よりもずっと実用的になった。ＤＫＶという言葉は規定で定めた略語で、たとえば耳の形状を示して、耳たぶの「下方部分の角度(descendant ou équerre)」は「deq」、対珠が「くぼんでいるか真っすぐ(cave ou rectiligne)」は「car」、耳甲介腔《じこうかいくう》の「出っぱり（coupe convex)」は「vex」のように表記される。（2）

犯罪捜査に科学が導入されたのは、警視総監レピーヌが一八九五年三月六日付の行政命令《アレテ》で警察学校を創設した影響が大きい。だからといって、「科学捜査」という言葉を使うべきなのだろうか？

捜査術の発達は疑う余地もなかったが、フランス警察のある事実、それも特にパリで顕著だったが、建物が粗末で老朽化していることは否定できなかった。交番を描いた絵があるが、一九三〇年代に入っても、外観はみすぼらしかった（コラムを参照)。

コラム：ユシェット通りとプルヴェールの交番

ユシェット通りはパリ、カルチェ・ラタンにある小道で、サン・ミシェル大通りとプティ＝ポン通りの間に位置し、ノートルダム寺院にほど近い。一九三〇年代には「水夫の多い界隈で、曲がりくねった陰気な道沿いにダンスホールが並び、そこで働く若い女性とそのヒモが集まる……」と当たり前のように描写されている。ここの交番は「天井が低く、壁は汚れ、鳥の糞にまみれた二つの電球に照らされている。この辺りで見られる居酒屋のような、親しみやすい外観」。電報で受け取った情報を解読する「小ぎれいなボックス席」が一つあり、ぐらつく机では「休憩中の自転車警官三人がブロット［カードゲーム］に興じ」、脇にある留置場は「濡れた犬の臭い、嘔吐物やすえた大便の臭いなどで息苦しい」。なぜ「我が国の交番は、陰気でぞっとする外観なのだろうか?」風情あるレ・アール地区にあるプルヴェールの交番については、「ほかの交番より明らかに際立っている。その外観はあばら家だったり、門番小屋にも鉄工所の工房にも見えたりと、三つの違う顔を見せる」。

プルヴェールの交番の入口
1935年6月2日付の警視庁労働組合機関紙より

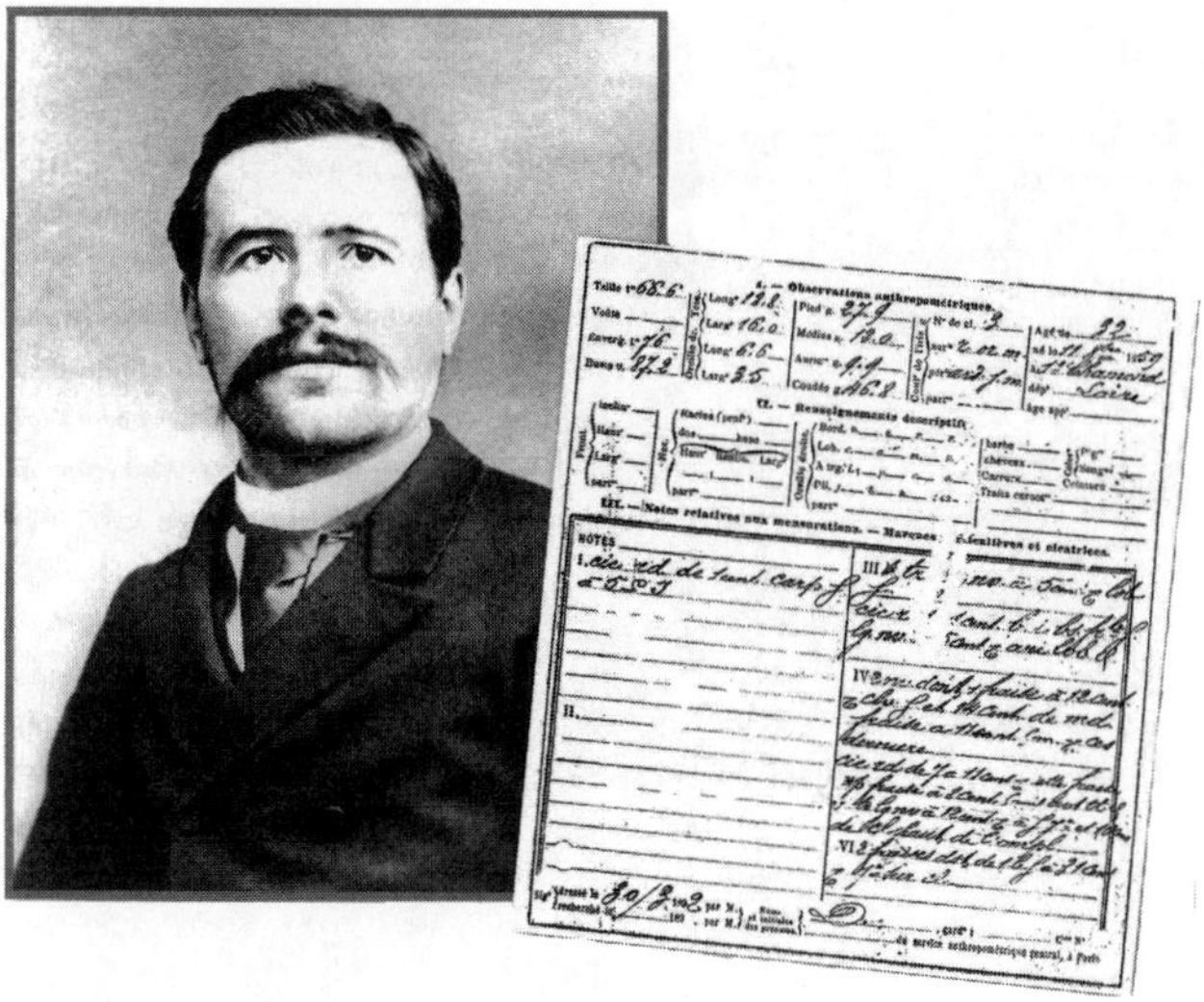

指紋検査法ですと？

一八九二年、ベルティヨンはますます名声を高めた。ロワール地方で起きた一連の犯罪捜査で、アナーキストのラヴァショルの正体を暴いたのだ。母親の旧姓ラヴァショルを名乗るこの男は、その二年前にサン＝テティエンヌで逮捕、収監されたが、本名（父親の姓）はケーニヒシュタインだと判明した。首都に逃亡したものの、パリで起こしたテロ事件のほか、三人を殺害した容疑、墓荒らしの容疑で裁判にかけられ、最後はギロチンで処刑された。

やがて「ベルティヨン方式《ベルティヨナージュ》」は国境を越え、フランス以外の警察でも、犯罪者の身元特定法として次々と採用されるようになった。しかしながら、パリ警視庁の元事務職員の考案した方法は、革命というより進化というイメージだろうか。ベルティヨンはやがて新たな身元特定法に出会い、一九〇二年十月二十四日付の報告書に示すように、その方法を使うことになる。パリのフォーブール・サン＝トノレ通り一〇七番地に住む歯科医アロー氏が自宅で殺害され、使用人のジョゼフ・リーベルに容疑がかけられた。現場検証で、居間のガラス窓についた指紋が採取された。目録を参照したところ、鑑識課長ベルティヨンは、アンリ＝レオン・シェファーという人物のファイルに気付いた。シェファーは同年の三月九日に窃盗・背信容疑で身体測定されていた。驚くべきことに、ファイルの指紋と犯行現場の指紋が一致した。その結果、容疑者の正体がシェファーであると、陪審員たちを納得させることができた。指紋検査法《ダクティロスコピー》または指紋鑑別法が、フランスにも本格的に登場したのである。

人体測定法か、指紋検査法か？

ベルティヨンは、指紋検査法の有効性にすっかり納得していたのだろうか？　一八九四年に、人体測定法に右手の指四本分の指紋採取を導入したのは彼自身だが、一種のためらいを見せている。一八九四年六月の手紙では、実用化が困難であると懸念を抱いているが、指紋を採取した後に指を全部きれいにするのが大変（！）なうえに、技能を持つ職員が不足していることを理由に挙げている。にわかに信じ難いが、人体測定法では身体の様々な箇所を計測しているというのに。一九〇二年七月に、二つの質問に対してベルティヨンは次のように回答している。

「―犯罪者の身元を特定するうえで、指紋は真価を発揮すると思いますか？
ベルティヨン：そう思う。
―指紋だけを記録したファイルを分類、保管することは可能でしょうか？
ベルティヨン：可能だ。だが、身体測定法と指紋検査法の二つを組み合わせるのが確実さとスピードの点からきわめて好ましい。刑務所職員が測定結果を読み書きできる能力があればの話だが。これはヨーロッパ全般に言えることだ」（3）

指紋検査法について質問したのはエドモン・ロカールだが、ベルティヨンの回答からは、賛成しかねるという態度がうかがえる。ロカールは「ベルティヨン方式の大成功」を認めているが、ベルティヨンが指紋検査法の併用を提案したのは本心からではないだろうと指摘している。ロカールは指紋検査法の熱心な支持者で、指紋検査法こそが再犯者を特定する方法だと信じている。犯罪者の発見においてきわめて信頼度の高い、身元を特定する最良の手段だと評価しているのだ。

エドモン・ロカールは著書『*Traité de criminalistique*（犯罪捜査学論）』の中で、一八二四年にヨーロッパで指紋が個人の印または身分証明に使われた事例を挙げている。プルキニェが論文を発表して間もない頃だ。英国の有名な版画家で鳥学者のトーマス・ビュイック（一七五三〜一八二八年）の作品に登場するが、「一八二四年一月」の日付の後に指紋が押され、"Thomas Bewick his mark" の言葉が添えられている。

一八五八年、インドのベンガルで行政官となった英国人ウィリアム・ジェイムズ・ハーシェルは、ベンガル語の契約書を交わす際、指紋を使うということを考えた。後に、刑務所への収容が決まった囚人たちにも指紋採取を行った。

ハーシェルに遅れること数年、東京の病院に勤務するスコットランド出身の医療宣教師ヘンリー・フォールズは、縄文土器にいくつも指紋のような紋様が付いているのに気が付いた。一八八〇年十月、フォールズは科学雑誌「ネイチャー」に論文を掲載し、指紋が犯罪者の特定に使えることを発表した。それだけではない。「錫板とインクを使った指紋採取の方法」まで書かれていた。フォールズは、犯罪捜査で指紋検査法を行った二つの事例を挙げた。（4）この論文を読んだハーシェルは、今度は自身が翌月号の「ネイチャー」に寄稿し、二十年以上も前に指紋を使っていたこと、インドで導入して成功を収めたことを説明した。

だが、実際の犯罪捜査で指紋を活用する方法を確立した人物の名は、フランシス・ゴルトンといった。

コラム：「指紋研究の父」は誰か

指の隆起を検査するというアイデアには、興味のあるそぶりを見せながら、ベルティヨンは関心を持たなかった。「指紋研究の父」と呼べるのは、一七八七年、ボヘミア（現チェコ）に生まれたヤン・エヴァンゲリスタ・プルキニェだと言って良いだろう。

一八一九年に医師になり、やがて解剖学者、生理学者として大学で教鞭をとり、一八二三年には指紋の形状と分類方法の先駆けとなる論文を発表した。プルキニェの研究は、十七世紀イタリアの解剖学者マルチェロ・マルピーギによる顕微鏡観察に多くを負っているため、ロカールはマルピーギを「指紋研究の祖父」と評価している。ただし、何の目的で指紋を身元の特定に使おうとしたのかは明らかになっていない。

ゴルトンからブセティッチまで

フランシス・ゴルトンは一八二二年生まれの英国人人類学者で、チャールズ・ダーウィンのいとこにあたり、アフリカを探検した経験がある。帰国後は遺伝学と生理学の研究を行い、プルキニェの論文やハーシェルの経験からヒントを得た。一八九〇年、大量に収集した指紋の中から目的の指紋を探し出す方法を改良し、一八九二年にはこの発見を著書にした。この著書が内務大臣ハーバート・アスキスの目に留まり、指紋検査法と人体測定法のどちらを英国で正式採用するか、検討する委員会を設立した。

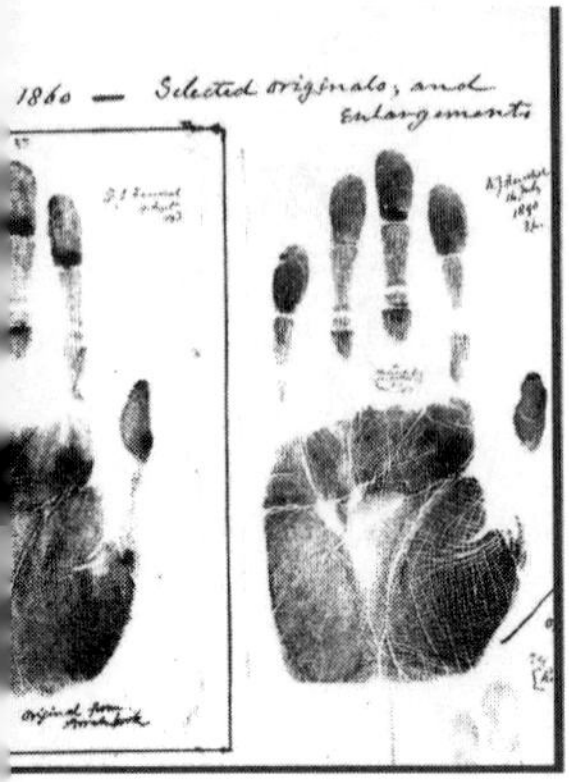

ゴルトンも呼ばれて研究成果を説明し、人体測定法だけでなく指紋検査法も使う必要性があると、委員会を説得した。エドモン・ロカールは記す。「つまり、フランシス・ゴルトンの役割は、生物学的な観点から初めて指紋研究を完成させ、犯罪捜査に利用できると結論づけることだった」。(5) 特に「彼の影響力と、ダーウィンのいとこという科学界の権威としての立場のおかげで（中略）英国政府は犯罪捜査に指紋検査法を採用することになった」。ハーシェルの去った

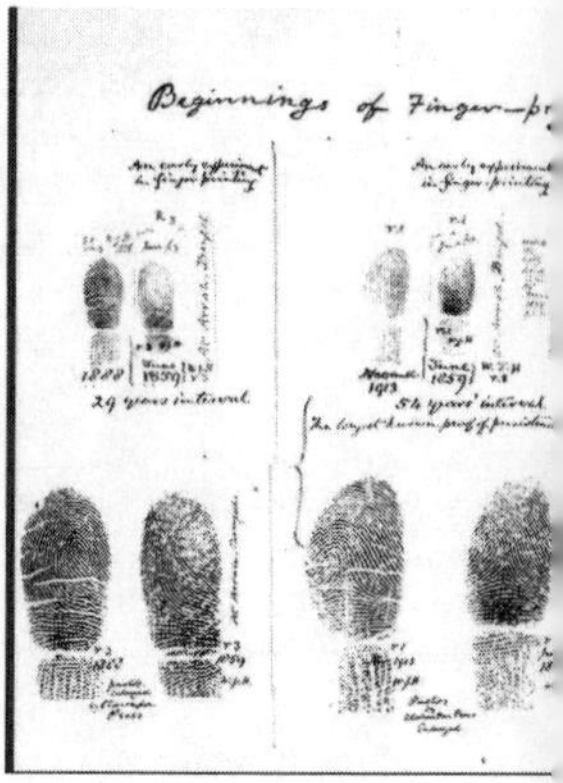

ベンガルで州警察長官となったエドワード・リチャード・ヘンリーは、一九〇一年にスコットランド・ヤード（ロンドン警視庁）で捜査課（ＣＩＤ）のトップに就任したが、その翌年の一九〇二年に人体測定法は廃止された。

実際の捜査に指紋検査法を適用した最初の人物はヘンリーなのかというと、南米のファン・ブセティッチに軍配が上がる。一八五八年、ダルマチア（現クロアチア）に生まれたブセティッチはアルゼンチンに移民として渡り、一八八八年にブエノス・アイレスの警察で働き始めた。鑑識課ではベルティヨンの人体測定法が使われていたが、ゴルトンの本を読んだ彼は、自ら指紋の分類システムを考案し、一八九一年から犯罪者の特定に適用し始めた。翌年の一八九二年、ブセティッチは殺人犯を特定した。犯行現場に残っていた血痕から、二人の子供を殺害したフランシスカ・ロハスにたどり着いたのだ。南米の地で、最初に指紋分類システムを広めたのはブセティッチの功績だった。

経験主義から科学主義へ

指紋検査法の「考案者」を一人だけ名指しするというのは、非常にデリケートな問題だ。チャールズ・ダーウィンも論争に加わり、一九〇九年に発表した記事の中で「功績者はヘンリーではなく、いとこのゴルトンだ」と言及している。ほかの功績者の名前については、狭義な愛国心にとらわれないエドモン・ロカールに任せよう。「指紋検査法の発展には、二つの起源がある。経験主義と科学主義である。まず、英国領インドではハーシェルとヘンリーが、日本ではフォールズが、仏領インドシナではポッテシェールが、滞在先のアジアの古い伝統から影響を受け、指紋を書類の認証や身元の特定に使用した。また、ゴルトンの研究から始まり、シャルル・フェレ、ラカサーニュ教授の弟子であるシュラギンハウフェン、オロリス、バルタザール、その他の形態学者や比較解剖学者が研究を続け、やがて指紋を犯罪捜査に活用するに至った。ブセティッチや後継者が先駆者を模倣または改良し、いくつかの指紋分類システムを作り上げた。こうして我々は、経験主義と研究所の実りある共同作業の恩恵を受けているのである」（6）

十九世紀末から二十世紀初頭にかけて、犯罪捜査の分野でようやく指紋検査法が導入され、

「この完全な識別方法を、誰もが執念をもって探していた。十八の鑑定項目があり、誤認の確率は1/68,719,000,000。さらに、（人体測定法と比べて）指紋には捜査において大きな利点がある。犯行現場から犯人が立ち去っても、身体の計測値なんか残らないのだ」。

いよいよ身元特定問題の核心部分に来た――これこそが捜査官を悩ませ、鑑識課や科学捜査研究所を誕生させ、捜査術の発展をけん引してきた。これ以降、犯罪事件の解決は、科学の実践に委ねられたのだ。科学とは、調査、系統だった証拠の収集、犯行現場に残ったあらゆる痕跡、次々と登場する新技術を使った分析などである。

研究所を作ってはどうか？　万能の天才であるロカール博士にとって、この言葉は「天啓」だった。

第二章　ロカール、犯罪学者を目指す

大冒険に出る前の修業時代

スコットランドの家系：憧れのコナン・ドイルのように

エドモン・ロカールは、英仏海峡の向こうの先祖ロックハート家について、茶目っ気のある言い方をした(Lockheart は Lockhart または Lockard になり、十八世紀に Locard になった)。ロックハートは「心臓に鍵をかける」という意味だよ、と。

伝説に残る名前がある。高名な先祖サイモン・ロッカード（Lockard）は一三二九年、ほかの騎士たちと一緒に聖地エルサレムを目指して出発した。主君だったスコットランド王ロバート一世の心臓を十字軍と共に、聖地に埋葬するためだ。だが、サラセン人らに道を阻まれ、心臓の入った貴重な箱をスコットランドまで持ち帰った。

ロカール家ではこんな物語が定番となっている。素晴らしい語り手だった生前のエドモン・ロカールのためにあるようなものだ。ロックハート一族とは連絡を取り合い、訪問の際にはキルトを着用したという。スコットランドの同業者や親戚、友人らと会ったのは数えるほどだったらしいが。

ロカールの人生には、サー・アーサー・コナン・ドイルが大きな役割を果たしている。彼もスコットランド出身で、エディンバラに生まれている。

エドモン・ロカールは一八七七年十二月十三日、サン＝シャモンに生まれた。サン＝シャモンは現在のロワール県のコミューンで、アントワーヌ・ピネ［政治家］とラヴァショルという二人の有名人の出身地だ。ロカールはこの二人のようにサン＝シャモンの有名人リストに加わることはなかった。生まれて一週間後にはリヨンへ移り住んだからだ。父のアルノー・ロカールは一八四一年生まれで、パリ中央工芸学校でエンジニアの学位を取得した。地質学や古生物学も専門分野だったが、まず何よりも博物学者であった。より正確には貝類学に熱中し、貝などの軟体動物学を研究した。彼のコレクションは国立自然史博物館に収蔵されている。

アルノーの孫にあたるドゥニーズ・スタニャーラは、今でも貝殻をあしらった家具を持っていると打ち明け、金利生活者だった（良き時代だった！）アルノー・ロカールは、時間をすべて熱中しているものに費やしたという。アルノーの妻マリー・ジベール・ド・セヌヴィエールは一八五四年に裕福で文化的な一家に生まれ、演劇や音楽をこよなく愛した。この芸術を愛する精神は息子エドモンに受け継がれ、父親からは好奇心や知識の正確さといった気質を受け継いだ。

エドモンの祖父ウージェーヌ・ロカールは鉄道技師の先駆者で、農業、自然史、科学、民芸など、幅広い分野に関心を持っていた。

遺伝子の計画としては、リヨンの孫エドモンにたどり着くまで相当回り道をしたことになる。エドモンが愛着を持ち、回想録でもしばしば言及しているのは、イゼール県の温泉地アルヴァールである。ロカール家の親戚にあたる高名な医師ベルナール・ニエプスは、アルヴァールの温泉水の成分を調べ、保養地としての再興に貢献した。未来の犯罪学者は繰り返し書いている。「私はアルヴァールの村が大好きだ。ここを故郷にしたいのはそれが理由だ。サン＝フルール［オーベルニュ地方］に生まれた作家モーリス・バレスが、ロレーヌ魂に目覚めたように」(1)

一方でエドモン・ロカールは、アンリ・ディドン神父のおかげでサヴォワ地方にも良い思い出を持ち、何度も訪れている。型破りな聖職者で、友人のクーベルタン男爵がオリンピックの標語に採用した「より速く、より高く、より強く」を発言した人物である。

古典語に熱中する

エドモン・ロカールの子供時代は、旅に揺られる日々だった。たとえば、父親が軟体動物の研究所を訪れたウィーンでは、オーストリア皇帝フランツ・ヨーゼフ一世の誕生日を祝って、まだヨーロッパの一部を統治していた王族が行進するのを見物した。

また、エドモンはドイツとイタリアをほぼ毎年訪れた。子供だったエドモンの目にはローマは大都市で、ヴェローナの街とロミオとジュリエットの墓には好印象を持たず、ヴェネチアを愛した。後に「人類は二種類に分かれている。ヴェネチアを理解する者と、理解しない者だ」とまで言っている。ヨーロッパ各地を訪れる旅はロカール少年にとっての教育となったが、将来これらのヨーロッパ中の都市（さらには世界中の都市）でロカールの名を知られることになる。旅による学びの時間を過ごし、小学校に通う代わりにブランシュー姉妹という家庭教師がついた。その後、エドモン少年はリヨン近郊のウランにあるコレージュ、サン＝トマ＝ダカン学院に入学した。「学校へ行っても臆することはなかったよ」と当人はいたずらっぽく語った。それどころか、ドミニコ修道会の神父から目をかけられて古典語の手ほどきを受け、語学の才能を見せた。

「父はあらゆる言語に興味を持ったけれど、特に古典語が好きでした」娘のドゥニーズはそう語る。「たとえば、フランス語のバカロレアでは、フランス語の文章をラテン語に翻訳しました」

十七歳のとき、エドモン・ロカールは文学と科学、二つのバカロレアを取得した。意外にも、学校生活を送った六年間は「寄宿学校生活が嫌でたまらなかった」うえに、試験全般や免状にもうんざりしていた。医学や科学など多分野での才能を持ち、ヘブライ語やサンスクリット語まで十一の外国語を習得した学生ゆえの悩みだ。だがそれはエドモンが自由な精神を持ち、飽くなき好奇心のままに行動し、様々な分野を極めることの現れではなかろうか？

ロカール、医師を目指す

これほど多才なら、さぞや進路選びに困らなかっただろう。エドモンは医学の道に進んだ。「父はなんといっても科学や研究に目がなかったのです」と娘のドゥニーズは言う。だがエドモンは後年ラジオ番組に出演した際、父親からのプレッシャーについてこう語った。「医者にならないのなら、一スーたりとも学費を出さんぞと、父に言われた」。若きロカールにとっては、いい思い出ではなかったようだ。

こうしてエドモン・ロカールは医学生になり、高名な外科医師のもとで研修医となった。「当時私はまだ学生で、多くの時間を外科病院で代理の臨床医として地味な仕事に費やした。非常に光栄なことに、秘書に抜擢《ばってき》された。大学生活の大半は病院で過ごし、その後も研修医として残り、兵役を終えてからも病院に戻った。ここで師と呼べる人に出会い、三年ほどその間近で働き、やがて個人秘書に選ばれたのだ」(2)

恩師の名をレオポルド・オリエという。ロカールは自身の幸運を喜んだ。「ブルジョワで、品が良く寛大だった」オリエの後について歩き、名医の豊富な知識の恩恵を受けられた。当時の外科学では、麻酔、無菌法、止血など、まだ採り入れられたばかりのことも多かったからだ。一八三〇年、アルデーシュ県に生まれたオリエは、モンペリエ大学で医学を修め、一八六〇年にリヨンのオテル・デュー病院で外科専門軍医になった。一八七七年、リヨン大学に医学部が開設されると大学病院の外科教授に就任し、骨再生の研究で国際的な名声を得る。

しかし、骨・関節手術の「父」であり、経験豊富な外科医オリエは突然この世を去り、ロカールは深く絶望する。「一九〇〇年十一月二十五日、オリエ教授は意識がある状態で卒中で倒れた」。オリエが病に倒れたその日の朝、ロカールは回診で師と顔を合わせていた。「昼食の時に、愛情のこもった『また後で』という言葉をかけられたが、あれが永遠の別れになるとはつゆほども思わなかった」(3)

六年ほど学んだ後で、ロカールは孤児になったように感じた。新しい選択を迫られた。取りかかろうとしていた論文の冒頭にこう記し、別の道を選んだ。「ずいぶん前から法医学に興味があった。医学の中でも包括的で専門性は高くなく、科学を超えた世界と密接な関わりがあり、ディドロが言うような様々な知識を容易に習得できる」(4)

もう一人の師、ラカサーニュ

ロカールは道を進む途中で別の導き手に出会った。研究室のドアを叩くと、ドアは大きく開いた。「私は自分の進む方向性と助言を得た。同時に、消えることのない愛情のこもった庇護《ひご》を得た。この場所で、研究室で過ごす日々は家族のようなものだと、月並みな教授と学生の関わり以上のものを学んだ。また、親身になってもらえていると感じたことは、仕事でいちばん支えになり、努力するうえでいちばん励みになり、仕事の達成が何よりの恩返しになる。師はただ教え子に対する以上のことをしてくれ、厚情のしるしとして、面白みのない学問や高尚な知識を叩き込む代わりに、自ら実践して見せた」(5)

この理想的な師はアレクサンドル・ラカサーニュといった。一八四三年、カオールに生まれ、よく故郷のことを話したが、才能が開花したのはリヨンに来てからだった。父親はホテル経営者という慎ましい家庭の出身で、二十歳になるとストラスブールの帝国軍医学校に入学した。一八六六年、ストラスブールで病院のインター

ンとなる。

その後、出世と転地を繰り返し、一八七四年にヴァル・ド・グラース陸軍病院で大学教授資格を得た後にマルセイユへ移り、アルジェリアのセティフに派遣された。モンペリエ大学医学部で衛生学講座の教授職を得られなかったのを機に陸軍を離れ、一八八〇年、リヨンで用意された法医学と毒物講座の教授職に応じた。こうしてリヨンに腰を落ち着けた。三十七歳で、リヨンでの名声を確固たるものにする。アンティカイユ病院の皮膚病・性病の権威の娘であるマグダレーヌ・ローレと結婚したのだが、彼のリヨンでの成功はこの結婚とは無関係ではなかったようだ。

もっとも、アレクサンドル・ラカサーニュは義父の威光がなくとも、自分自身で道を切り開き、法医学の最高権威となれただろう。「三十年以上にわたり、一〇〇〇人以上の学生の教育にあたり、論文を指導し、仕事に寄り添う。鑑識医としては、十九世紀末に起きた有名事件で依頼を受けた。臨床医としては、職業倫理に関わる議論に参加した」。(6) ラカサーニュは積極的に犯罪人類学の国際会議に参加し、また、一八八六年に創刊された定期刊行誌「*Archives d'anthropologie criminelle de médecine légale*(法医学から見た犯罪人類学)」に協力することで「法医学者を公の場に出した」。さらに、深い教養に裏付けされ、新しい医学知識の観点から歴史を見直した。ラカサーニュは特にフランス革命とマラーに強い関心があった。

法医学者と犯罪学

「ラカサーニュの仕事は、基本的に法医学と犯罪学の発展に関するものだった」（7）

大学での教育もラカサーニュの仕事の一部だったが、彼が有名になったのは鑑定の仕事だった。「一八八九年、ラカサーニュはリヨン南方のミルリーで発見された身元不明の腐乱死体の検死解剖を行った。遺体の身元はパリの執行官トゥーサン・グーフェと判明したが、その身元特定方法は、今でもこの分野での代表例とされている。八十三ページにも及ぶ膨大な報告書の中で、身元特定に至る過程を理論化し、推理の思考と使われた手法がまとめられており、ラカサーニュの仕事を確固たるものにした」（8）

その科学的解決方法が新聞を賑わせ、犯罪年代記にも記録された事件は〈血まみれトランク事件〉（リヨンでは〈ミルリーのトランク事件〉）と呼ばれた。ラ

カサーニュはリヨンで起きたほかの事件でも鑑定を行っただろうし、その評判はリヨンにとどまらなかったはずだ。未亡人が殺害された〈リチェット事件〉や、一九一三年に悲惨な鉄道事故で惜しくも亡くなった高名なリヨンの外科医マチュー・ジャブレの身元特定で鑑定を行ったが、ラカサーニュが強い関心を寄せたのは「有名事件の犯罪者や被告の多くが見せる立ち居振る舞いだった。サディ・カルノー大統領を暗殺したカゼリオやヴィダル裁判、ヌギエとゴメの〈ヴィレットの殺人犯〉、ドゥーブル裁判など」(9)

「フランスでもっとも有名な法医学者」ラカサーニュは、イタリアの犯罪学者チェーザレ・ロンブローゾと、あるいは鑑定をめぐり海外の犯罪人類学者たちと議論し、異議を唱えたこともあった。

修業中のロカール

指導教官であるラカサーニュから機会と助言を与えられ、ロカールは試験を終えると博士論文のテーマを選んだ。「私はまず、医学史の中でも異彩を放つ、ニコラ・ド・ブレグニーを研究テーマにしようと考えた。鑑定医であり、ヤブ医者であり、稀代の詐欺師でもあった人物だ。(中略)

ブレグニーに関する資料を集めてみると、十七世紀の法医学がいかに興味深く、だがあまり知られていないということがわかってきた。アンリ四世やルイ十四世の死亡したあたりの時代、一六一〇〜一七一五年頃に興味が出てきた」。論文では十七世紀の法医学について研究し、将来の鑑定の仕事の基礎となる重要な要素を発見する。「歴史に科学を導入するのは、実証的手法で過去を解釈することであり、生物学を制御して再現する手法、医師というより法医学者によって歴史を読み解くことである」(10)

論文の第六章「死と死体」で、ロカールはこう述べている。「現在の法医学では、死および死体の研究は、ある特殊で広範囲の科学に貢献している」。これは「研究所での仕事」を前提としており、十七世紀には「そのような科学は存在しないと認識されていた」。当時は「司法官が検死を行うことはめったになかった」。ほかの章は「犯行責任と精神異常」、「刺し傷」、「毒殺」といった題名があり、この論文が道を開いた

ようだ。

論文を提出後、ロカールはアレクサンドル・ラカサーニュと同じく法医学者になり、さらに、家族ぐるみの付き合いをするようになる。「教授の息子のアントワーヌとジャンとは、とても親しい友人になりました」と、ロカールの娘ドゥニーズは回想する。

文学と科学のバカロレアを取得し、医学博士号も取得したロカールは、愛する母親の「法学士号を取るべきよ」という期待に応えようとしたのだろうか。「法学士号を取るのはさほど大変じゃなかった。当時は、法学士になるための法律の試験は筆記試験だけで良かったからだ」。(11)法学士号を取得したのは母親の希望と、ラカサーニュの勧めだろう。ラカサーニュはまた、教え子が数か国語に堪能なことにも感銘を受け、通訳の勉強も勧める。「その翌年、陸軍参謀本部付きの通訳になる資格を得るため、少しばかり苦心した。ドイツ語、英語、イタリア語、スペイン語、ポルトガル語については暗号文を解読できたが、六番目の外国語が必要だった。ロシア語か日本語のどちらかを選べた。楽な方へ逃げるという怠惰な性格から、間違いなく文法が難しそうな日本語から逃げた。そして、ドストエフスキーの文章が出てくる最終試験を受け、合格した」

犯罪学者としての目覚め

ラカサーニュのチームで助手となったロカールは、定期刊行誌「法医学から見た犯罪人類学」の編集に協力する。しかし、彼の方向性を後押ししたのは、特殊な状況だった。「ある日、高名な法医学者に連れられて人通りの多い界隈を訪れ、仕事中の事故で負傷した男を診ていた。突然の雷雨のため、我々は雨宿りをした。雨が激しくなるや、ラカサーニュ氏はこう言った。『待っている時間がもったいない。鞄の中に外国語の資料が入っている。アルゼンチンの同業者が再犯者を特定したというものだ。フランス語に訳して、簡潔に口頭で要約してくれないか』。まだ雷は遠くに行かない。運命だった。それは指紋の研究に関する資料だったのだ。『説明してくれ』と言われ、私はその通りにした。私が天の啓示を受けた瞬間だった」(12)

道を進むと、最初の発表テーマ「指紋による身元特定」に結実した。この記事は「法医学から見た犯罪人類学」一九〇三年九月号に掲載された。一九〇六年にはラカサーニュのお供で、ロカールはトリノで開催された第六回犯罪人類学会議に出席した。このような集まりで、犯罪学という新しい科学に出会うことができたが、概念をめぐって時には派閥が生まれた。第一回は一八八五年にローマで開催され、チェーザレ・ロンブローゾ率いる「イタリア学派」が占めていたが、アレクサンドル・ラカサーニュはこのイタリアの大家に反論した。ロンブローゾは数年前から犯罪者論（この題名の著書は成功を収めた）を唱えていた。「いつの時代にも社会に適応できず、周囲と軋轢《あつれき》を起こしてしまう人間がいる。彼らには遺伝的特徴（突如として現れる先祖の特徴）があり、生まれながらの犯罪者は未開人の再出現なのだ。その振る舞い、暴力的で血を好む気質のほかに、身体的な特徴がある」

この説を起点に、骨格、頭蓋骨、脳、刺青、犯罪者の肖像など、研究所での研究が始まった。当初、アレクサンドル・ラカサーニュは「法医学から見た犯罪人類学」に発表した記事で、ロンブローゾの説の一部に関して意見の一致を表明した。だが「フランス学派」はすぐに「イタリア学派」と距離を置いた。一八八九年にパリで開催された会議では「『フランス学派』は、人が犯罪者になるのは社会的要素が重要であると表明して、生物学的な要素や生まれつきの犯罪者説に固執する『イタリア学派』と対立した」。(13)

一九〇六年の会議では、反対意見や遺伝子に関する最新の発見によって、「長らく打ち立ててきた理論が崩されようとしている」にもかかわらず、「ロンブローゾ学派」(14)の周囲ではトリノでロンブローゾの七十歳を祝い［一八三五年生まれ説と一八三六年生まれ説がある］、喝采し、過去の栄光をくどくど繰り返した。

ロンブローゾと〈生まれながらの犯罪者〉説

一九〇六年の会議の基調講演で、ロンブローゾは昔ながらの意見を繰り返した。「『日の下に新しきものなし』という古くからの格言がある〔旧約聖書の言葉〕が、これこそ犯罪人類学にふさわしい。というのも、その結論が最も重要であり、一見矛盾しているようだが、何世紀も前に賢人が言い当てていたからだ。人々の口の端に上っている。長い時間をかけて我々が学んできたことは、悪人や犯罪者には不自然な皺があり、顔も身体も左右非対称で、左きき、斜視ということだ。感情を交えずに『ハムレット』を読んでみよう。

『個人の場合も同じこと、生まれつきの欠点のために——
ということは本人の罪ではないわけだ、人間は自分の意志で生まれるのではないのだから——』」

トリノの会議で、ロカールはフランス人発表者の一人だった。リヨンから来たメンバー、つまり、アレクサンドル・ラカサーニュとその息子のアントワーヌ、法医学研究所の助手と一緒だった。発表のテーマは「現在の身元特定方法と世界共通の情報カード」である。その中で、身元特定方法を各国で統一することを提案した。①人体測定法、②写真、③ポルトレ・パルレ、④（目や髪など）色の記載方法、⑤刺青と傷跡の記載、⑥指紋検査法の六項目である。ロカールは指紋検査法の重要性を指摘し、「そのことを証明した」（15）ブセティッチの手法を高く評価した。

このような国際会議を通じて、まだ肩を並べるには至らないが、後にその技術や実践を学ぶ犯罪学者たちと知り合った。「（一九〇八年に）パリでベルティヨンに学んだ後は、トリノのロンブローゾ、ローザンヌのライスのもとで研修生となった。さらに合間をぬってドイツ、英国、イタリア、ベルギー、米国の研究所を訪れ、また、大勢の参加者が集まる新しいテーマの会議に自費で参加した」（16）

一九〇四年には、二冊目の本である『*La Dactyloscopie—Identification des récidivistes par les empreintes digitales*（指紋検査法—指紋による再犯者の特定）』（17）を刊行した（前年、最初の本である『*Les Crimes de sang et les Crimes d'amour au XVIIe siècle*（十七世紀の血の犯罪と情痴犯罪）』（18）を刊行）。

以降、ロカールは数多くの著書を発表していく。彼は速筆で、愛読してきた推理小説から深いインスピレーションを得ていた。

コラム：ベルティヨンに出会ったブセティッチ

ブセティッチは一九〇二年、ベルティヨンの人体測定法は無駄に身元特定を複雑にするだけで、指紋検査法だけで十分だと宣言した。実は、中南米ではベルティヨン方式の賛成派と反対派がいた。自由投票の結果、ブセティッチはベルティヨン方式とは距離を置いて独自のシステムを作り上げ、やがてそちらが主流になっていった。できすぎた話に思えるかもしれない。噂なのか実話なのか定かではないが、その十年後、ブセティッチがパリを訪れた際、ベルティヨンはブセティッチに対し嫌悪の念をあからさまに見せたという。だが、このエピソードにはほかに二つの説があり、一つはベルティヨンがドアを開けて迎え入れたというもの、もう一つは二人が紳士的に別れたというものである。

ロカールと推理小説の中のお手本

十九世紀に推理小説というジャンルが誕生し、著しい発展を見せ、様々な形で人気を博したのは紛れもない事実である。この流れは、警官が回想録を発表したことから始まる。ヴィドックの回想録（実際は二人の著述家が執筆した）は、変装の文学の起源であり、バルザック、デュマ、ユゴーらがそれらを育ててきた。警視総監のアンドリューやレピーヌも回想録を発表し、ジョーム警部やゴロン警視のような国家警察の警官が後に続いた。メディアはこの推理小説という、現実の賑やかな犯罪事件や、あまり表に出てこないセンセーショナルな事件とリンクした、金脈となるジャンルを利用する術を知っていた。やがて私立探偵が登場する。二十世紀初頭にはガストン・ルルーがルルタビーユを生み出し、探偵とは反対陣営になるが、モーリス・ルブランが怪盗紳士アルセーヌ・ルパンの物語を紡ぐ。

エドモン・ロカールは、別の作家の名前を挙げている。「その当時の警察の様子を描いたという意味で、創始者と呼べるのはエミール・ガボリオである」。(19) 人気作家ポール・フェヴァルの秘書だったガボリオの作品は、一八六六年発表の『ルルージュ事件』から始まる。小説の中心人物は三人いて、ジェヴロール警部、隠居した素人探偵タバレ老人（タバレ先生とも）、次回作から主人公となる若手刑事ルコック（名前はヴィドックからヒントを得た）だ。

ロカールは指摘する。「ガボリオの描く警官たちはよく失敗をするが、それは彼らにとって長所でもある。生身の人間を思わせるからだ。（中略）彼らは弱く、同時にとても強い。作品に出てくる警官は現実の警官とよく似ていて、優れた捜査方法（全員が習得すべきだ）と素晴らしい頭脳を持っている（彼らには高みを目指して欲しいし、一部の者には感謝している）。ガボリオの警官は五十年前の小説中の警官だが、近い将来の現実の警官でもある」(20)

ガボリオは、米国の作家エドガー・アラン・ポー（一八〇九～一八四九年）の唯一の直系の後継者だ。ポーは推理小説の元祖と言われ、「モルグ街の殺人」に探偵役として勲爵士のシャルル・オーギュスト・デュパンを登場させた。ロカールは「デュパンはまるで積分の計算をするかのように捜査を行う。それも天才的な正確さで」と評する。

天才シャーロック・ホームズ

なんだかんだ言ってもロカールのお気に入りは、アーサー・コナン・ドイルが一八八七年に発表した『緋色の研究』に登場する探偵だ。

「父は熱心にシャーロック・ホームズを全巻読んでいました。ホームズにヒントを得て、犯罪科学を研究し、犯罪者の痕跡を調べるようになったと言っていました」と、娘のドゥニーズは語る。(21)

しかしながら、ロカールはある点についてホームズを非難している。「現実の捜査官より劣っている」うえに、「指紋による身元特定」をないがしろにしていると。「コナン・ドイルの受けてきた教育からすると、そもそも基本的な捜査術を知らない。(中略)だが、そういった大きな例外は別として、専門家の鑑定による証拠というテンプレートは、この有名な英国人によって見事に考案された。筆跡鑑定、暗号解読、毒物の分析、しみの成分を明らかにすること、個人の特徴の説明など、犯罪科学の全要素がコナン・ドイルの作品から引用できる」(22)

こうして犯罪者の追跡において、ロカールが応用し、完全なものにしたいと願った手法と完全に一致した。

いざ、大冒険へ

やがて、ロカールは多くの分野で成功を収める。「ラカサーニュの研究室で、エドモン・ロカー

ルは熱心に吸収した。オーソドックスな体系的調査、一貫した情報、冷静な慎重さ、師の優雅な文章など」(23)

彼は知的活動の場をどんどん広げていった。一九〇五年にはバイロイト音楽祭を訪れ、ワグナーの音楽に耽溺した。話題の音楽について語る「リヨン音楽レビュー」誌をリヨン音楽学院のレオン・ヴァラス教授と一緒に作り、また、プロスペルとオーギュストのフェルイヤ兄弟が発行する日刊紙「リヨン・レピュブリカン」のことを、後年ロカールは懐かしんだ。同紙には一九二九年まで、音楽コラムを寄稿していたからだ。「ル・トゥー・リヨン」紙では少なくとも一九一四年まで編集次長を務め、若手作家(それもアンリ・ベローなど錚々《そうそう》たる顔ぶれ)にとって大事な発表の場となるこの機関紙に貢献した。リヨンの文壇でロカールと交流があったのは、名門貴族の息子アンリ・ド・エヌゼル伯爵で、リヨンの貴族社会に批判的な小説を書いて騒ぎになったが、その後は落ち着いて、リヨン装飾博物館の館長になった。作家ジャン・デュフールは、リヨンの典型的ブルジョワを描いた『*Calixte*』(リヨン人ではない者から見てカリカチュアとして使いたくなるようなキャラクター)で有名になった。さらに、ジャン・バック＝シスレーは、詩人サロンを作ったジャンヌ・シスレー嬢の筆名だ。

こうした各種活動への参加はますます盛んになったが、知性を磨く活動への傾倒は、エドモン・ロカールの計画の役に立たなかったわけではない。「捜査術を使って」周囲を観察し、この「技術はつくづく法医学や法化学と異なる」うえに、捜査術の専門家は多くの場合「様々なところからやってきた」(24) からだ。

「様々なところ」というのは、こういうことだ。ベルギー・リエージュの法医学者ウージェーヌ・ストッキスは、指紋についての研究や出版物で二十世紀初頭に有名になった。サルヴァトーレ・オットレンギは一九〇二年、ローマに科学警察学校を作った。ドイツ系スイス人のロドルフ（ルドルフ）・アーチボルト・ライスは化学者、写真技術者で、ローザンヌ大学に科学警察研究所を作った。オーストリアの法学者ハンス・グロスは、グラーツ大学に犯罪科学研究所を作った。このほかにも同様の「新しい技術《アール・ヌーヴォー》」を利用したい、または利用できる機関は「様々なところ」にあり、また、「科学捜査研究所」だけが唯一の呼称だったわけではなかった。

ロカールはこのように言っている。「リヨンに同じような趣旨の研究所を作りたいと考えたところ、カコー副総監の好意と支援によって人類鑑識課を、つまり正真正銘の科学捜査研究所を立ち上げることになった。様々な科学捜査を行うための必要な道具を備えている、そんな施設だ」(25)

エドモン・ロカールの大冒険が始まった。一九一〇年一月、リヨンにフランス初の科学捜査研究所が誕生した。

コラム：シャーロック・ホームズの跡を追って

小説の捜査官と研究所の捜査官の違いについて書いた論文では、ベイカー街221Bの下宿人に対してロカールは常に称賛を惜しまない。「ホームズが大成功したのは、足跡の分析だ。人間の足跡、動物の足跡（「背中の曲がった男」にはマングースの変わった足跡が出てくる）、馬車の轍《わだち》の跡（『緋色の研究』）、侵入者の足跡（「金縁の鼻眼鏡」）、靴の泥（「オレンジの種五つ」）など、この素晴らしい追跡者は鑑定による証拠をおざなりにしない」

第三章　サン＝ジャン通り三十五番地

一九一〇年一月、ロカールは警察に研究所を開設する

ロカールの研究所

一九一〇年一月、パリの一部の新聞には犯罪事件の記事が目立った。ヌイイ＝プレザンスでは「金利生活者、路上で殺害さる」、「オルシャン通りの犯罪　門番が殺される」、「テノール歌手ゴダールは間違いなくヒ素で死んだ」など。

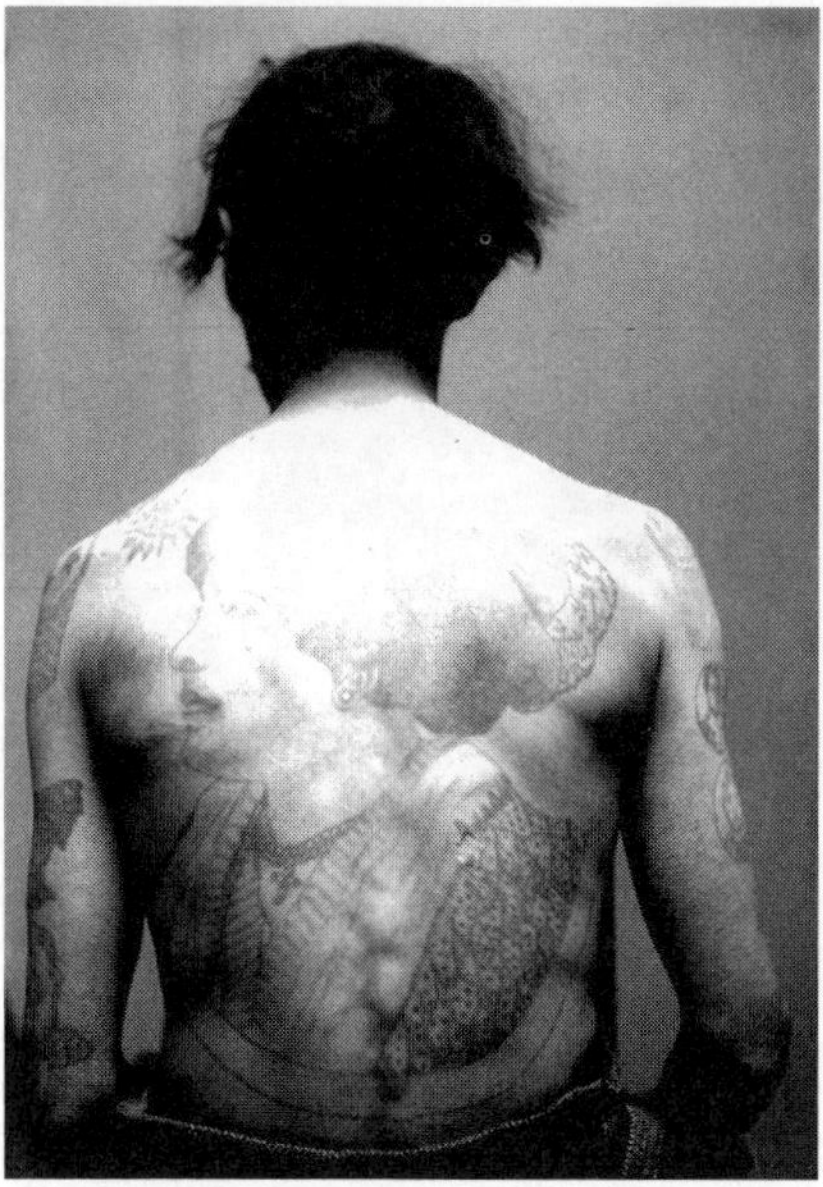

「ル・プチ・パリジャン」紙には、ダニエル・ルスールによる連載小説「*Du sang dans les ténèbres*」の予告が掲載された。やがて同紙の一面ではフランス国内で起きた洪水による被害、破損、水没のことが報じられるが、特にパリでは悲劇的な事態になった「セーヌ川の洪水で甚大な被害が出た」。リヨンでもソーヌ川

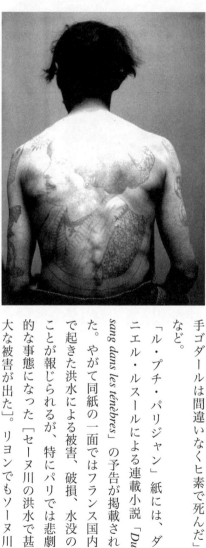

とローヌ川が増水したが、一人だけ、自然災害に気を取られていない人物がいた。それどころか、殺人事件の大げさな新聞の見出しに関心を持っていた。

エドモン・ロカールは連続して欧米の各都市を訪問し、まるで世界一周ツアーのようだった。

その目的は「よそではどのようにやるのかを学ぶため」で、各国の鑑識課や警察を視察し、可能であれば研修もさせてもらった。

　ロカールは最初にパリのベルティヨンを訪ね、その次に、既に研究所を作り、写真を使った捜査を行っていたローザンヌのロドルフ・アーチボルト・ライスを訪ねた。「その後も旅は続いた。ウィーン、ベルリン、ハノーファー（ここは警察学校がある）、さらにローマでは警官《カラビニエリ》を教育している科学警察学校へ行き、それからバルセロナ、最後にニューヨークとシカゴを訪ねた」。（1）ウィーンでは、予審判事ハンス・グロスから多くの教えを受けた。グロスは犯罪学に関心のある同志に科学的な方法を指導しており、一八九八年に定期刊行誌「*Archiv für Kriminalanthropologie und Kriminalistik*（犯罪人類学と犯罪学の記録)」を創刊していた。

「これらの〈巡礼〉を終えると、私はよその鑑識課がどのように作業しているのか、全体像をつかんだ」(2)

だが既にロカールは頭の中に明確なアイデアを持っていた。彼が実現しようとしていたのは「科学捜査研究所で、専門家が様々な鑑定を行うこと、それも犯行現場の痕跡から犯罪者を特定するため、あらゆる手段を使う。非常に野心的な計画だった」(3)

ロカールはまさにその計画を実現しようとしていた。「私は幸運だった。恩師であるラカサーニュのおかげでカコー副総監と知り合うことができた。この人物は高い知性を持ち、イニシアチブと決断力があった。私は研究所を司法裁判所の建物内に、つまり警察と同じ場所に置きたいと提案した。押し込み強盗や殺人が発生したら、その都度研究所では捜査を実践する。犯行現場を調べ、犯人が残したあらゆる痕跡を、特に指紋を使う。当時はまだ指紋のことは一般に知られていなかったので、アパッシュどもは指紋を残さないようまるで用心しなかった。私はすぐに満足のいく成果を得た」(4)

ロカールは確固とした信条を持ち、科学捜査の世界へしっかりとした足取りで踏み入った。「しみを調べるが、法医学研究所とは違う。化学は毎日のように使われるが、法化学研究所とも違う。この場所はきわめて特殊な性質を持ち、ここで行われるすべての作業が科学捜査の一環なのだ。指紋や足跡を調べ、侵入の痕跡を探し、あらゆる偽造文書を鑑定し（ペン先の紙への引っかかり具合、加筆、模倣、複写）、燃えた文書の再生、偽造通貨の分析や暗号解読、身体的特徴のカード作成、再犯者の特定などを行う」

コラム：ロカールの言葉

「ベルティヨンは気難しく、扱いにくい人物だった。だが、私が研修生として過ごした数週間、私は彼から多くのことを学べたし、彼には深い感謝の気持ちを抱いている」（5）

サン＝ジャン通り三十五番地

ロカールが満足したのは、用意されたのが質素な環境だったことだ。「裁判所の屋根裏には小さな部屋が二つあった。協力者は二人の優秀な科学者で、一人はリヨンの元警官、もう一人はロアンヌで農村保安官をやっていた」と、ロカールは上機嫌で語る。「どちらも美しい字を書き、初等教育修了証書を取得していた」（6）

リヨン旧市街のサン＝ジャン通り三十五番地、裁判所の六階にある屋根裏部屋までは、はし

このような階段を上る必要がある。二つの部屋へ入るには「クモの巣を払わないといけなかった」。こうして一九一〇年一月十日、ロカールは入居した。当初、公式には、この研究所はリヨン警察の人体測定課と呼ばれていた。「リヨン警察に開設されたのは一九一〇年一月二十四日である」（7）にもかかわらず、創設者ロカールは、彼の思うような形で運営したかった。「犯行現場記録や大勢の拘留者の測定記録の膨大なファイルを管理する、パリ警察やスコットランド・ヤードの鑑識課」（8）のような既存の施設とは違う、本物の科学捜査研究所としてである。

この状況は一時的なものだとロカールは何度も言ったが、行政から与えられたのは場所だけでなく、「古いブンゼンバーナーと二脚の藁椅子」も用意された。表向き、予算は不足していたが——ロカールは勤め人でも役人でもなく、娘のドゥニーズが言うには「不労所得で生活していた」——うえに、創設当時から、協力者はまったくの素人ではなかった。

一九一〇年から、グランジュヴェルサン、ハイルマン、ギシャールの三人が「鑑識スタッフ」として研究所の日々に加わった。後にグランジュヴェルサンは写真専任の助手に、ハイルマンは警視になり、ブセティッチ方式で指紋を分類するシステムを確立した。彼らは最初の頃に手がけた事件で、「ベルティヨン方式と指紋検査法を使って」仕事をした。一九一〇年一月十二日に「最初に作成した一〇〇〇ファイルから、一連の統計を」確立した。こうして刺青に関する独自の研究が行われ、その結果、「男性九〇二人中四〇九人が、女性九十八人中十三人が刺青を彫っていた」ことがわかった。(9)

初仕事は重罪院で

とはいえ、研究所が真価を発揮するのは、やはりその仕事や事件の解決である。創設の年に、早くもその機会はやってきた。

一九一〇年十一月十日、モラ裁判官が裁判長を務めるローヌ重罪院では、一見ありきたりな裁判が開廷した。被告席には地味な男たちが座っている。印刷工ファブリと靴修理屋ローランだ。警察や裁判所ではおなじみの前科者で、この日は新たに小さな盗みの件で出頭した。ある慎ましい工員の家に泥棒が入り、家の中をひっくり返した挙句、わずか現金九十五フランという戦利品を奪って逃げた。犯人たちはすぐに逮捕され、彼らに不利な前科やいくつもの証拠、怪しいアリバイなどが揃っているにもかかわらず、容疑をきっぱりと否認した。その後、捜査は独自の道をたどる。隠し金が見つからず、怒りに任せて二人の犯人がふれたいくつもの証拠品を、詳細に調べることになったのだ。

リヨン警察人体測定課のロカール博士は、鑑定人として依頼を受けた。彼の役割はもちろん、指紋の採取である。一九一〇年十一月十日、審理中に結論を述べた。窃盗犯が残した指紋を煤でくっきりと浮かび上がらせ、被告の指から採取した指紋と比べたところ、完全に一致した。二人の被告は激しい怒りを見せた。裁判所の機関紙「ル・プログレ・ド・リヨン」の記者が書いたように、陪審にとってはなんとも困惑する状況だった。起訴は主に指紋検査の結果に基づいており、指紋だけで二人を有罪にしたのだから。長らく審議した後で、陪審員たちはファブリとローランを有罪とし、それぞれ懲役六か月と五年を言い渡した。裁判の傍聴人は「人体測定法の勝利だ」と誤って述べたが、これは指紋検査法を知らなかったためだ。また、フランスで初めて、重罪院において一つの証拠だけで有罪に持ち込んだ事例だった。

形のない規範

指紋採取だけにとどまらず、エドモン・ロカールは今日の科学捜査研究所でも通用するような規範を確立しようとしていた。犯行現場に助手が向かう前に何もされないように、つまり物品や被害者をさわったり動かしたりしないように、また現場を踏まないようにしなければいけない、というものだ。「シャーロック・ホームズが言っていたことを頭に刻んでおかなくては。『それにしても、野牛《バッファロー》みたいな連中が群れをなしてこんなにドタバタ歩き回る前にぼくがここへ来ていたら、どんなに楽にやれたことか！』」［アーサー・コナン・ドイル「ボスコム谷の謎」より］（10）

このことを権威者に、特に司法関係者に受け入れてもらう必要があった。

> **コラム：良いタイミング**
>
> 「犯罪が発見されたら、犯行現場には鑑定人が最初にやってくること。私はこの原則を繰り返して言わない。犯罪捜査では、時間が経過するほど真実も消えてしまうのだ」（11）

「研究所に対して長らく横柄な態度だった司法関係者が、はっきりした変化を見せたとわかったのは、毎月研究所へ足を運ぶ回数が増えた時で、階段がきしむ音が聞こえると、私は大きな喜びを感じた。彼らはふうふうあえぎ、中へ入る前にドアの向こうで息を整える。もっと快適で便利な場所を用意しましょうと言われても、同じ場所のまま

コラム：ロカールの信条は細部へのこだわり

犯行現場の地面を系統立って記録し、指紋、唇の跡、足跡、爪や歯の跡、轍《わだち》、動物の足跡、侵入の痕跡を採取する。血痕または別の種類の汚れを探し、体毛や毛髪を採取する。現場に残された衣類をすべて調べること。

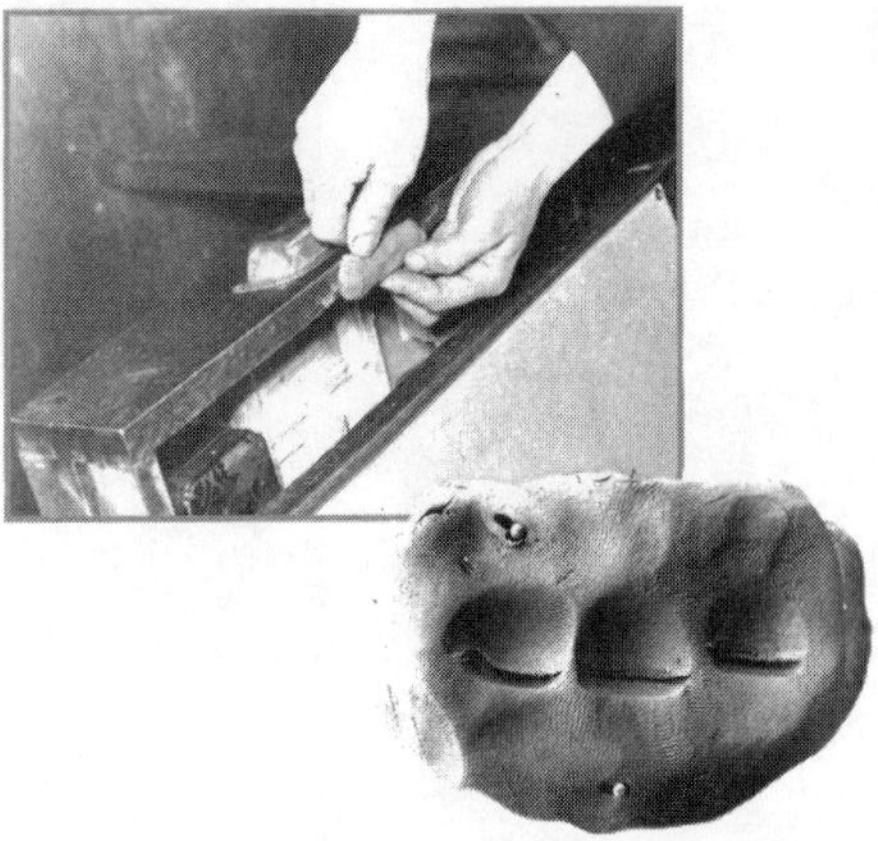

にしておいたのは、私のささやかな復讐だった。だが、わが屋根裏部屋からは素晴らしいリヨンの街並みを眺められるし、面倒な連中を厄介払いできるし、利点も多いのだ」(12)

アンドレ・ミュール司会のラジオ番組「ロカール博士の気ままに思い出話」では、ロカールはくだけた言い方をしている。「司法関係者は非常に友好的だった。というのも、専門家の鑑定による証拠を引用すれば、たちまち事件は解決することを理解したんだ。だが、彼らが証拠の重要性を理解したのは、犯罪者たちよりもずっと遅かった」

ロカールは語る。「ある晴れた日、リヨン裁判所の検察官が屋根裏部屋まで会いに来た。『筆跡鑑定人が必要だ。不正をする商人みたいなのじゃない、ちゃんとした科学者が必要なんだ』。私はこの筆跡鑑定という、特殊な要求に応えようと思った」(13)

筆跡鑑定については、「手書き文書の筆跡鑑定は、捜査術の中でももっとも難しい部類に入る」と誰もが認めている。ロカールは筆跡の特定について、「特殊な技術の厳格な規則に従って行わなければいけない。化学と写真の技術を採り入れ、美しい字を書く才能は別に必要としない」と話している。

ポロスコピー

せっかちなロカールは、明らかにさらなる高みを目指していた。彼の科捜研はリヨン警察の所属で、書類上は「アルフォンス・ベルティヨンから継承した方法に則って人体測定カードを作成、保存する使命」となっているが、ロカールの活躍を見ていると、「所長は、公的に決められている以上のことを使命としているようだ」。(14)

一九一二年、ポロスコピー(汗腺孔検査)の研究により、科学捜査を発展させることが可能だと証明された。「多くの場合、指紋はかなり小さく断片的で、せいぜい目印となる三、四か所しか採取できない。こんな状況では身元の特定はできないし、新しい方法で採取できなければ鑑定人はお手上げだ。リヨンでは最近までそう思われていたが、現在では数件の目覚ましい成果を上げている。高倍率で指紋を調べると、隆起線には汗腺の開口部である小さな穴（汗孔）が見つかる。この汗孔は終生不変で、不思議なことだが指紋ができる位置がどこであれ、その外観は変わらない。また、汗孔の数や形、相互の位置は人によってばらつきがある。よって、写真を直径四十五ミリの顕微鏡で（表面を二〇二五倍）拡大し、隆起線と同様に汗孔を特定することができる」（15）

名声への道

すべてがリヨン科捜研の名声を高めることにつながった。かつてロカールが研修生として多くを学んだ他都市の研究所から、反対にリヨンを訪れる者が現れ、ロカールらの仕事ぶりを知ることになった。一九三五年に、ローザンヌ大学の科学警察研究所でライスの後継者となったマルク・ビショフがロカールに宛てた手紙の中で、「今でも楽しい思い出がある」と書いている。それは一九一三年にライスに連れられてリヨンを訪れた時のことで、「ライスが自身の引退後

に備えて、当時学生だった私のために企画した」旅だった。(16)

ビショフはロカール宛の手紙で詳細を省いているが、後にロカールがアンドレ・ミュールのラジオ番組で話したのは、スイスからの来客を〈フォリー・ゴロワーズ〉に連れて行き、ホットワインのボウルを囲んだ楽しい雰囲気だったということである。

ロカールには顔なじみの不良少年がいた。ローザンヌの客人たちに、ローザンヌにはまずないような場所の雰囲気を存分に味合わせ、押し込み強盗犯にも引き合わせた。この人物は後に映画脚本家ミシェル・オディアールにインスピレーションを与え、ベベールというキャラクターを生んだ「ジャン・ギャバン主演の映画「赤い灯をつけるな」」。

ロカール博士は「現場の人」であり、「通達の人」だった。捜査の手法を隠さずに語るが、その目的の一つが人々の協力を得ることだった。「新聞に掲載された覚え書きは、〝窃盗被害者〟を教育するためのもので、科学捜査研究所

の助手が駆けつけて痕跡を探せるよう、犯行現場に誰も立ち入らないようにするのだ。また、被害者自身が絶対に現場のものに手をふれてはいけない。

にわかには想像できないだろうが、この教育は善意で報いられた。人をからかうのが好きで無秩序なリヨン市民が実際はどれだけ訓練されていたか、確かめるいい機会だった。覚えているのは、科学捜査研究所を始めたばかりの頃だが、あるブルジョワ一家が観劇から帰ってくると、家のドアはこじ開けられ、屋内は荒らされていた。犯人の残した指紋を消さないよう、この果敢な一家は戸締りをして、その晩はホテルに泊まったのだ」。(17) 一般人よりも重要だったのが、記者たちに向けた通達だった。「取材を受けるたびに、私はお決まりの言葉を繰り返した。科捜研の者が来るまでは、何もさわるなと。記者たちはよく協力してくれたよ」(18)

科学捜査研究所の創設期、ロカールは犯罪学界の大冒険に身を投じた。一方で、同時代の多くの人々と同様に、彼にはいかんともし難い出来事にぶつかった。世界情勢には暗雲がたちこめていた。私生活では、ロカールは幸せを手に入れた。一九一二年四月、従妹であるリュシー・スリエと結婚したのだ。夫婦のもとには一九一四年九月三十日に息子ジャックが、一九一七年十一月十八日に娘ドゥニーズが生まれた。だが、ヨーロッパは大きな嵐に見舞われる。第一次世界大戦の勃発だ。ロカールはある重要な役割を演じるが、それは彼の能力を最大限に発揮するものだった。

一九一四年：ロカールとドイツ軍の暗号

ロカールは回想する。「当時、私は予備役兵だったが、暗号解読部は立派な組織で、戦争省の中に置かれていた」。ひとたび戦争になれば非常に重要となる組織で、当然ながら、我らがロカールも貢献を求められて選抜された。

エドモン・ロカールはカルティエ少佐（後に将軍）率いる暗号解読部へ配属された。カルティエ少佐は、難解かつ非常に重要な任務にあたるスペシャリストたちを理解しており、敵の攻撃の裏をかくための任務であることも理解していた。スペシャリストたちとは、ジヴィエルジュ少佐、スダール少佐、テヴナン大佐、オリヴァリ大佐、そして一九一八年春にドイツ軍の進軍を妨げるうえで大活躍したパンヴァン大尉のことだった。暗がりで作業をしていたため、「このチームは暗室《キャビネ・ノワール》［キャビネ・ノワールは諜報機関の呼称でもあった］のあだ名で呼ばれていた」。(19)

暗号解読部に配属されたロカールは、やがて様々なエピソードに遭遇するのだが、一九一四年にドイツ軍が攻撃を始めた頃から、カルティエ将軍は報告書をまとめていた。「言うまでもないが、敵の無線電報はことごとく暗号化されていた。しかし、地名や通信担当者の知らない言葉など、いくつか明瞭な言葉があった。（中略）こうして我々はほんの数日で、騎兵将校フォン・マルヴィッツが識別符号Sの騎兵隊に命令することや、フォン・リヒトホーフェンが識別符号Gの師団に命令することを把握した。また、グループLの無線局から発信された明瞭な無線信号により、二つの騎兵師団が恐らくオーダン＝ル＝ロマンからラ・ヴォエヴルに侵入し、マラヴィレと、師団が司令部を置くジヴリー＝シルクールからヴェルダンに向かって進軍することを知った」

ロカールによると、ザクセン連隊の大佐からベルギーのスパに向けて発信された通信文がきっかけだった。「Was ist Circourt？（シルクールとは何だ?）」という質問[訳注]と、その返答を暗号化したものが受信されたが、一晩かけて「我々は謎を解明する手がかりを発見した」。(21) カルティエ将軍は「その報告を聞いて、不安な気持ちを言う必要はなかった。（中略）ドイツ軍の進軍と包囲は徐々に行われ、ドイツの無線では地名が次々と発せられ、敵が前線まで到達していることを知らせた」。(22)

「フランス軍最高司令部は、第一次世界大戦をマルヌ会戦の勝利で始められたが、それを可能にしたのは、我々がドイツ軍の部隊ごとの戦闘命令をすべて入手しており、ドイツ軍が無線で発信する通信文をすべて理解していたからだ。一九二一年まで、ドイツ軍はそのことを知らなかった」(23)と、ロカールは語る。

コラム：暗号解読の王者

「（試験では）五つの外国語に堪能だと示すだけでは不十分だった。私には幸運なことだったが、五つの言語でそれぞれ暗号化された文章を解読しなければならなかった。試験官は寛大とは言えず、課題文にはわざと間違いが仕込まれており、解読作業を難しくさせた。同僚たちと比べて、私にとってはたいした頭の体操ではなかった。というのも、暗号解読はもともと仕事でやっていたし、リヨンの科学捜査研究所での主な仕事でもあったからだ」(20)

訳注：ロカールの自伝『*Mémoires d'un criminologiste*（ある犯罪学者の回想録）』によると、ドイツ軍では将校用と兵卒用で二種類の地図を使っていたという。一方にのみ"Xivry-Circourt"の"Circourt"の部分が表記され、もう一方には表記がないことからこの質問が発せられ、それが暗号解読の手がかりになった。

アメリカ周遊

ロカールは大戦中、ずっと暗号解読に従事していたわけではない。一九一五年八月十九日付の「ル・タン」紙の「今日のニュース」という欄で、内閣技官ジュスタン・ゴダールの入閣が報じられた。ゴダールは戦争省政務次官として、前月一日から衛生部隊を担当していた。

ゴダールは生粋のリヨン人だった。一八七一年にサン＝ポタン広場の近くで生まれ、その出自にはロカールと多くの類似点があった。相違点を探すなら、ゴダールは弁護士として労働者問題や社会問題を扱ってきたが、一九〇四年のリヨン市議会議員選挙を機に政界入りした。急進社会主義者で、リヨン市長の補佐役として、一九〇六年からブルボン宮殿［国会議事堂］に議席を獲得した。

ゴダールは政務次官として陸軍衛生部という重要な部門を担当し、一九一五年夏には、内閣の所属という形で軍医や下士官数名を海外へ派遣することに決めた。一等兵の中に、暗号

解読部に配属されていたロカールの名もあった。

ロカールの衛生部での新たな重要任務には、一九一八年の五月から六月にかけて約二か月、米国に滞在することも含まれていた。

フランス代表団の団長として、ゴダールには二つの任務が割り当てられた。「一つは、同盟国として西部戦線での救助活動に多大な貢献をしたことに対し、米国の赤十字とＹＭＣＡに感謝を述べること」そして「もう一つは、要人や大学、病院、軍事教練所を訪問することで、米国の政治家や市民に参戦を促すことだった」。

そのためジュスタン・ゴダールは、パリの病院で医師だった、英語とドイツ語を話せるリスト准尉と、数か国語に堪能なロカールを米国に連れて行くことにした。

数年前にようやく出版された、米国訪問記の最初から最後までロカールがつけていた記録(24)から引用する。

「ゴダールは、内閣の所属という形で私を抱えることに決めたが、その二年間、私はゴダールのお供で北海からスイスまで前線を駆け回り、さらには救護車も救護所もない場所にも行かされた。自動車や軍のトラック、さらに自分の足で数十万キロ走った後での米国周遊は、さしずめ〈さまよえる軍医〉のキャリアの頂点とも言えるものだった」(25)

頂点に到達するまでいくつものステップを経ているが、ロカールの言葉はリズミカルだ。

ニューヨーク、ワシントン、フィラデルフィア、ボストン、デイトン、シカゴ、カナダを経由して最後にニューヨークに戻ると、米国の祝日である独立記念日に「二〇万人が練り歩く盛大なパレード」に遭遇する。大型客船〈ロシャンボー〉号に乗り、一九一八年七月十七日、ボルドー港で下船した。ロカールは「家に帰れるという心からの喜び」を覚えた。「素晴らしいニュースを知らせるためにフランスに戻ってきたのだ。確かなニュースだ。やがて米国の軍事力と同盟国への忠誠心を知る日が来ることを、我々は確信していた」

　この帰国は、リヨンにある「彼の」科学捜査研究所への帰還も意味していた。第一次世界大戦での貢献に対し、レジオンドヌール勲章シュヴァリエが叙勲された。エドモン・ロカールはその驚異的な人生でも、もっとも実り豊かな時代を迎えようとしていた。

第四章　ロカール博士の驚異の事件簿

犯罪捜査の専門家チーム・科捜研

ロカールの法則

ホレイショ「あらゆる接触が痕跡を残す」
イェリーナ「エドモン・ロカール」
ピカリング「誰だ？」
ホレイショ「君を逮捕する根拠をくれた犯罪学者だ」

リヨンに科学捜査研究所が誕生してから一世紀近くたつが、アメリカの大ヒットドラマ「CSI：マイアミ」の主人公の口からエドモン・ロカールの名前が飛び出した。（1）驚くような引用だが、ほかのエピソードにも何度か登場し、「ロカールの法則」がまるで現代の犯罪学における格言のように引用されるのだ。「ある場所にとどまって痕跡を残さずにいることは不可能だ、特に犯罪行為のような激しい行動をした場合は」のように。

この言葉は、一九一八年に初めて出版された警察についての著作に登場する。（2）表現にはいくつかバリエーションがあるが、有名なのは、一九一九年五月二十日に行われたリヨン科学文芸アカデミーでの入会演説だ。

スピーチの名手であるロカールの言葉に、目の前の聴衆は、ロカールがシャーロック・ホームズ役を務める捜査の最中にいるような気持ちになったことだろう。

「犯罪事件が発生する。隣人は夜中に悲鳴と死体の倒れる音を聞く。警察が呼ばれ、荒らされた部屋の中に死体を発見する。犯人を見た者はいない。現場を調べても、証拠が見つからない。

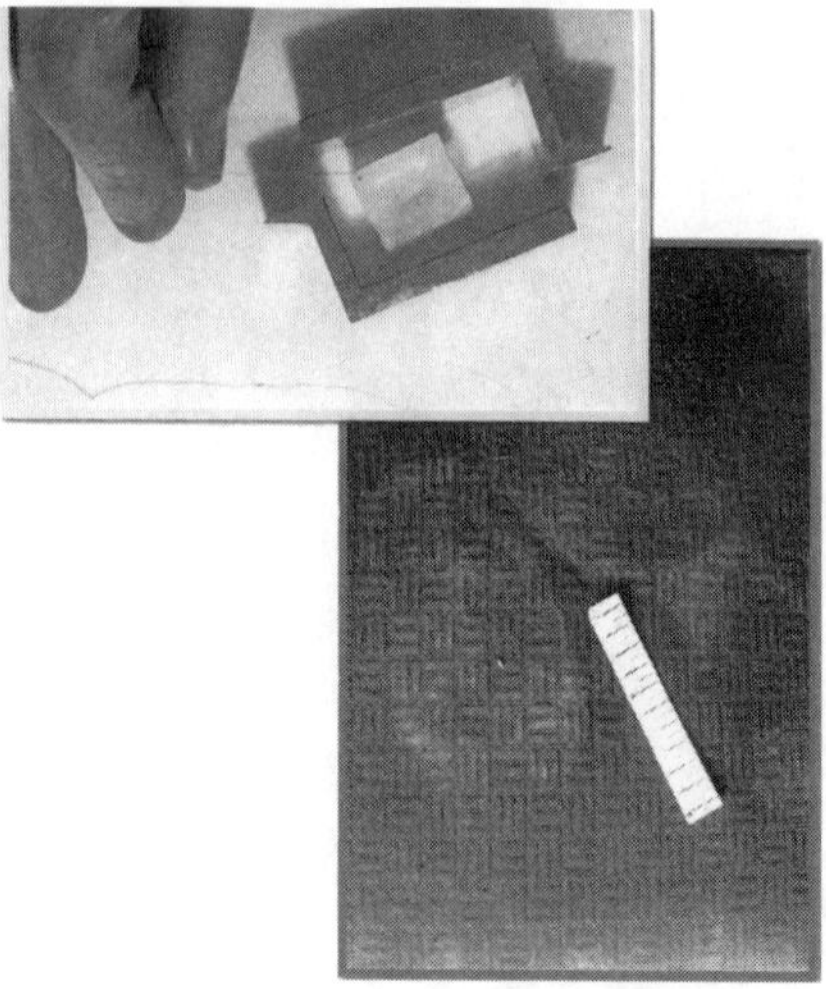

では、何を手がかりに捜査を始めるべきか？

だが、床には争った痕跡があった。被害者の足跡と犯人の足跡が入り乱れている。こじ開けられたドアには、肘金物を外した際の指紋が残っている。家具には血しぶきが付着し、貴重な証拠となる指の線も見える。暖炉には焼け焦げた紙が見つかる。

死者の爪にはむしり取った髪の毛があり、手には犯人が爪で引っかいた傷が残っている。たんすの埃には肘をついた跡があり、犯人の服の素材を示す。

　これこそが確実でもの言わぬ証人だ。嘘もつかず、間違いもしない。指紋、足跡、爪で引っかいた傷や歯で噛んだ跡、焼け焦げた紙の解読、押し込み道具、服や髪などの残存物だ。証言は必要ない。殺人犯は犯行の痕跡を残したのだ。捜査の道は開けた。逮捕が目前に迫り、犯人は混乱する。

　次のような原則があります。痕跡を残さずに行動するのは不可能である、特に犯罪行為のような激しい行動をした場合には」（3）

　その命題が「明白に述べられていなくとも、逆もまたしかりなのです。犯人は、立ち去ったばかりの犯行現場から必ず証拠を持ち運んでいるのです」のように後世に伝えられた。この「ロカールの交換原理」または「ロカールの法則」は形を変え、「専門家の鑑定による証拠と犯罪科学の基礎を構成する規則であり、いつでも有効のもの」となった。

　以来、「この確実でもの言わぬ証人は、嘘もつかず、間違いもしない」と、ロカールは繰り返すようになった。「少しずつ、リヨンの科学捜査研究所の活動は発展し、弾道学、化学分析、毒物学、生物学、筆跡鑑定にまで広がった。同時にロカールは犯罪科学を普及させようと努め、何冊も著書を出版し、講演会を開き、講義を行った。リヨンの科学捜査研究所とロカールは、国際的な名声を得た」（4）

ロカールと仲間たち

リヨン科学捜査研究所が名声を得たのは、一九二〇年一月二十日付の行政命令《アレテ》により所長に任命されたエドモン・ロカールのおかげだ。同時に、ロカールの周囲で積極的に協力した仲間たちのおかげでもある。裏方に徹し、多くは慎ましい家庭の出身で、研究所の国際的な評判に貢献した彼らはどんな人々だったのだろうか？

アルマン・シュヴァシュは、おそらく科捜研で最古参の中心メンバーだろう。一九二〇年代のシュヴァシュは、スウェーデン出身の研修生ハリー・セーデルマンによって「彼は一介の警官で、階級は巡査だった」と描写されている。セーデルマンはエドモン・ロカールの教え子の中でもひときわ優秀な人物で、研究所員の役割について書き残している。農家出身のシュヴァシュはロカールや同僚から普通に「シュヴァシュのおやじさん」と呼ばれ、「インテリの繊細さからほど遠い、農民のように頑丈な体格。押し出しの良い五十代の男で、秀でた額に鋭い目をし、所長の右腕にして研究所の中心人物である。人生の大半を研究所で過ごしたが、例外は第一次世界大戦中にヴェルダンで下士官として従軍した時だ」（5）

研究所の中心人物シュヴァシュは指紋検査法を使った身元特定の専門だったが、ロカールの

監督する各種の仕事でも能力を発揮し、筆跡鑑定も得意とした。
　リヨン科捜研のメンバーの特徴は、家族のような関係だった点である。アルマン・シュヴァシュの甥の警官デュフォーは「日に焼けた、ずんぐりした体格」で、彼もまたジュラの農家の出身だった。最終的に伯父の後継者として「その知性と人柄で、事実上ロカールの第一助手となった」。この〈家族の肖像〉には、シュヴァシュのいとこである元警官プーも登場する。マリウス・デュフォーと同じく技術的捜査を担当したプーを「日焼けした若者で、ローマ皇帝のような横顔を持ち、雷のように明敏」とセーデルマンは描写している。犯行現場を主に写真で調べるのが専門だった。「旧式カメ

ラと三脚、指紋採取の道具ケース、泥棒が残した足跡の型をとるためのロウを持って我々は出かけた。捜査チームはめったに自動車に乗らず、リヨンの街を重い荷物を抱えてほとんど徒歩で、可能な場合は路面電車で移動した」(6)

最古参メンバーには写真責任者のジャン＝マリー・グランジュヴェルサンや、最初は警備員として入り、やがて助手、そして筆跡鑑定の専門家になったシャンボンがいた。

犯行現場で働くスタッフは、三人の法医学者による外部からの支援を受けた。ジョルジュ・ベルー博士は筆跡鑑定についての論文を発表した人物だが、顕微鏡で弾丸の線条痕や薬莢《やっきょう》を調べるなど、ロカールには銃器特定の分野で協力した。一九二七年に、マルセイユに長らく待たれた科学捜査研究所が開設すると所長に就任し、開設の告知の際にリヨン科捜研についてこう語った。「科学捜査研究所の有意義さを理解してもらうために、リヨンの事例を話そう。リヨンでは、忍耐強く勤勉なロカール博士が日々卓越した仕事を行っている」。(7)マルセイユに続き、一九三一年にはリールで、一九三八年にはトゥールーズで科学捜査研究所が開設された。

ほかの若き法医学者のうち、ベルジェ博士は「冷静で控えめ、慎重」な人柄で、「必要とあらば幅広い知識を披露する」、トーパン博士は「永遠の中学生のよう。いつも笑っていて、いつもアイデアが浮かぶ」が、欠点として「どんな状況でも、自分が正しいと確信している」とセーデルマンは書いている。

ロカールのチームに参加するメンバーは、全員が同じくらい効率的に動くことができた。

研修生の育成機関

リヨン科学捜査研究所は、犯罪科学について良い学校で学びたいという、海外からの研修生を受け入れた。彼らの多くは、母国で科学捜査研究所の責任者になった。リヨンに滞在中、何人かは科学分野の研究を行った。チリ出身のオズバルド・ミランダ・ピントは人種別に指紋の形態学を研究し、動物（特にチンパンジー）の指紋や人間の指紋との類似を調べ、「隆起線の比較形態学試論」という論文を完成させた。英国人ウィリアム・スターリングは「変質者・犯罪者の手相」について研究し、博士論文を書いた。それはつまり、刺青の研究と同じように、アレクサンドル・ラカサーニュのしっかりした仕事ぶりが継承された証であり、ロカールもそれに貢献した一人だった。

ロカールの教育スタイルは、多くの研修生にとって魅力的なものだったようだ。厳格さとほど遠く、科学捜査の職業訓練を行ううえで好ましかったからだ。

ハリー・セーデルマンは、亡くなった一九五六年に出版した回想録の中で、当時の研修生たちを取り巻く環境をこう描写している。ロカールのおかげで「私たちは犯罪や犯罪者と直接関わった。それによって奇妙な問題が起きた。学生だったため（それと私たちの大半が外国人だったため）、合法的な有限の資格を持たなかった。特に正規の警察官が一緒の時は捜査に行けるよう、あやふやな方法で許可を得た。だが、この〈狩猟免許〉には、たとえば逮捕の手続きを進める権限は含まれず、研究所の外では、あくまで権限を持つロカール博士の庇護下に置かれ、普通の外国人と区別されるというだけだった。研究所の中では、真面目に責任感を持って仕事をする限り、完全に自由に過ごせた。そうでなければ、長いことロカールと一緒にやれなかっただろう」。

男性ばかりのこの閉鎖的な業界で、マギー・ギラルは数少ない女性スタッフで、法学部の論文「筆跡鑑定における証拠の重要性」を発表した。ロカールと親しかった協力者の一人で、一九三〇年にはウィーンで開催された国際犯罪学アカデミーの第一回会議に派遣されたうえ、リヨン科捜研の行った筆跡鑑定に関する発表も行った。アンドレ・ミュールによると、所長との親しさには、親密な関係も含まれていたという。（8）一九三一年にマギー・ギラルは研究所を去り、リヨンから離れられないロカールとは反対に、パリで道を切り開いた。やがて記者としてキャリアを重ね、有名な「デテクティブ」誌でも働いた。

研究所の日常

セーデルマンはこう語る。「この時知り合った研究所スタッフや敏腕警部たちとは、いい友人になった」。以下、長文だが、サン＝ジャン通り三十五番地での、スタッフたちの研究熱心であると同時に仲のいい雰囲気が伝わってくる文章を紹介する。「夜七時頃、研究所での一日が終わると、シュヴァシュ、デュフォー、プーと私はソーヌ川にかかる大きな橋を渡り、裁判所の向かいにある、ジャコバン広場に近い小道沿いのカフェに行った。カフェの名は〈オ・マラシ〉（座りにくい）といった。店名はぴったりだった。椅子には小さな樽が使われ、テーブルには大樽が使われていたからだ。〈オ・マラシ〉では、ほとんどボジョレーしか飲まなかったが、なんと美味なボジョレーだったことか！」（9）

また、セーデルマンは、ロカールの科学捜査研究所を垣間見せてくれる貴重な案内人でもある。裁判所の前に到着すると、裏手の柱に隠れた犯罪課の入口を探す必要があった。廊下を進んで行くと、電話交換台の前には、現場の仕事のできない年配の警官が立っている。らせん階段を上った二階には、埃と一緒に書類が保管されている。素晴らしい記憶力で描写された、セーデルマンの見たフランス警察は、世界一書類が完璧だという評判だった。「リヨンでは特に、百科事典のようだった」と語っている。だが、屋根裏部屋にある研究所にたどり着くまで、さらに四階ぶん上らなければならなかった。

朝の早い時間には、「口笛を吹きながら鍵束の鍵を差し込み、ケピ帽をかぶり、指でくるくると鍵束を回す」看守の姿が目撃された。「この楽観主義と陽気さは、朝から白ワインをひっかけた効果だ。看守の後ろの、雑多な集団をなす人々に質問をするのは我々の役目だった。(中略)

情けない集団を作っていたのは、常連の奴らだった。ほとんどが浮浪者やケチな窃盗犯で、たまにアラブ人と中国人が加わる。女たちは登録を怠った若い売春婦だ。(中略)リヨンは人口一〇〇万人の大都市圏で、夜間の収

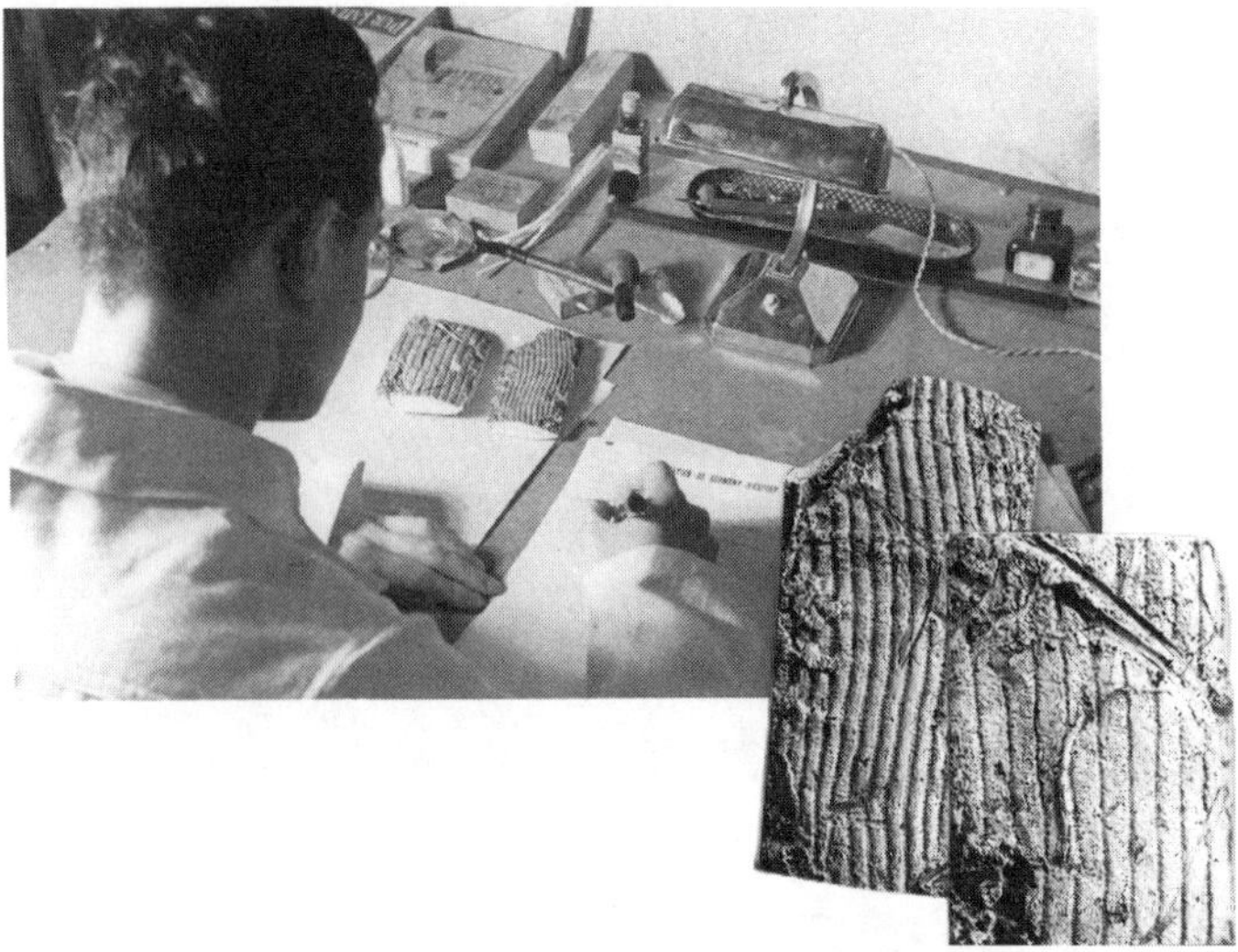

穫はいつも二十から三十人で、この日は普段より多かった。逮捕者ごとに、手続きは時間がかかっていた」

このイメージ豊かな描写からは、科学捜査研究所は人間味あふれる場所で、逮捕者が際限なく集まる、捜査術（当時はまだそう呼ばれていなかった）のための真の利益を追求する場所ではなかったことが伝わってくる。ロカールは「研究所で、つまり裁判所の屋根裏部屋で、もっとも醜く悲しい人々が、あらゆる卑劣な行為や苦悩を引き起こす」のを意識しながら見つめていた。

「美しい女性も、そうではない者もやってきた。あらゆる種類の人間、頭のいかれた奴、頭のいかれかけた奴、犯罪者と被害者だ。聞くに堪えない話や悲しい話、恥ずべき話や奇怪な話を聞かされ、小説家や劇作家の想像力よりもずっと印象的だった」(10)

物事の一面が否定的な意見で強調されるのは明らかで、一部の司法関係者や古株の警官は「素人医者めが、顕微鏡やカメラで犯人を捕まえようとし、足跡を探し、ぼんやりとした指紋で自白させようとしている」(11) と、ロカールを批判した。

だが、科捜研にとっても地元警察にとっても普段とは異なる、世間を騒がせた大事件で、ロカールは全能の神の代理人のような役割を果たす。第一次世界大戦以前には、ロカール博士はリヨン裁判所で何度も指紋検査法やポロスコピーを使って証拠を補足し、判事や陪審員を説得してきた。そして一九二二年には、フランス中を騒がせた事件の捜査に駆り出されたのである。

チュールの匿名の手紙事件

一九一七年から、チュール［コレーズ県の県庁所在地］の街は奇妙で神経を悩ませる事件のリズムに踊らされていた。最初は県庁職員が、次いで街の住民の多くが、〈虎の目〉と署名された中傷の手紙の標的となった。大文字で書かれた手紙はところどころ二重線で強調され、不貞行為や親密な関係をほのめかし、きわどい話の尾ヒレがついた内容だった。「不当な攻撃は、チュールの県庁職員たちの狭い世界の大部分に、家族関係や友人関係に衝撃を与えた。（中略）この五年間、県庁内の雰囲気はずっと重苦しかったが、事件はひた隠しにされた。事件が公になったのは一九二一年十二月のことで、容疑をかけられた裁判所の書記官が正気を失い、狂気の中で命を落としたためだった」(12)

ついに司法界が動いた。県庁のとある課長の妻であるムリ夫人に容疑がかけられた。奇妙なことに、彼女だけは匿名の手紙をまぬがれていたのだ。あまりに見え透いた策略で、人々は彼

RNAL

Lundi 23 Janvier 1922

LES MÉMOIRES DU DOCTEUR LOCARD

Il a fallu une dictée de plusieurs heures et six page

pour faire avouer Angèle Laval qui ava

la ville de Tulle de plus de 1.000 lettres a

LE DOCTEUR LOCARD

aurait démasqué

l'auteur

des lettres anonymes

de Tulle

女に対して冷たく接した。また、彼女の夫には、アンジェル・ラヴァルという女性職員が好意を寄せているという噂も流れた。犯行の動機はその辺りにありそうだ。だが、予審判事は証拠を十分に集められずすっかり途方に暮れ、しまいには降霊術に頼るありさまで、やがてマスコミの知るところとなった。醜聞に醜聞を重ね、予審判事は解任された。

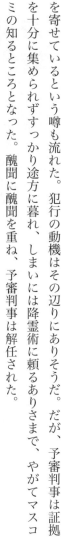

捜査はようやく、匿名の手紙の分析という理論的な方向に向かった。手紙の数は一〇〇〇通以上に及び、容疑者数名を集めて実験を行うことになった。一九二二年一月十七日付の「ル・プチ・パリジャン」紙によると、「事件はクライマックスを迎えた。今朝九時から、リシャール予審判事は裁判所の審議室に、リヨン科学捜査研究所所長のロカール博士と一緒に閉じこもった」。

証人または容疑者に対して口述筆記を行うよう、ロカールは依頼を受けてチュールを訪れたのだ。集められた人々の中には、マリー＝アントワネット・ムリ夫人、兄が県庁の課長であるアンジェル・ラヴァル、その母と叔母がいた。「黒の長いヴェールをかぶったアンジェル・ラヴァル嬢が最初に部屋に入った」と同紙は伝える。「ロカール博士との面談は、二時間にも及んだ」

審議室から出ると、ラヴァルはフィロル弁護士の方に向かうが、神経が参っており、失神して三十分ほどそのままだった。

ロカールは記者の取材に対し、写真で筆跡を拡大し、「筆跡学」[訳注]の手法を使ったと話した。「ロカール博士は最近リヨンでも、匿名の手紙の事件で成功を収めたばかりだった。真犯人である若手弁護士を突き止めた」ロカールの話に、記者たちは興味を隠せない。

「手紙の文字には、独特の歪みが見られたという。

――今日、証人たちに行った口述筆記で、その歪みは発見されましたか？

――ありました」

ロカールの返答から、「実験に参加した八人の中に犯人がいる」と判明した。ロカールは多くを語ったのか、あるいは語らなかったのか、定かではないが、予審判事は嫌疑について一言も話さなかった。同紙はこう締めくくった。「ロカール博士は今夜の列車でリヨンに帰るが、リシャール判事は今日の実験で、容疑はしっかりと固められたと判断したようだ」

チュールの事件について、ロカールは自伝でこう述べている。

「口述筆記は数時間かかった。アンジェル・ラヴァルは三十五歳の女性で、背が高くすらりとして、まっ黒な髪に大きく知的な黒い瞳の持ち主で、とても神経質そうだった。ブロック体で文字を書くように言うと彼女は同意したが、最初の行を書き終えるのに十分以上かかっていた。ある単語の文字を書き始めると、全体的に飾りすぎの、肉太で歪んだ文字ばかりだった。私は彼女に優しく、口述筆記は大きな紙に何枚も書くこと、そして時間はたっぷりあると告げた。

ラヴァルは最初に考えたごまかし方を断念した。新しく書いた最初の行では、Yの字はVの字にヘビのような尾を添えた書き方だった。不意に現れたこの書き方は、あの匿名の手紙のYの字とそっくり同じだった。Gの字は、同じ単語のほかの文字と合わない崩した書き方で、手紙の文字を真似たかのようだった。Gの字はごまかし方がわからなかったのだ。ラヴァルを捕まえるか？　それは彼女の並外れた知性や危険な洞察力を知ったからではない。私の目の前で、彼女は素早く、新しいやり方で二行目を書き始めた。匿名の手紙とまったく違う書き方で、すらすらと文字を書いていき、午前中いっぱいそれで通した。しばらく休憩した後、私は口述筆記を再開し、ようやく彼女も疲れを見せ始めた。大きな紙の六ページ目の半ばで、目の前に、あの悪名高い手紙の文字が現れた。警察の言葉で言うと、アンジェル・ラヴァルは〝落ちた〟のだ」(13)

ラヴァル母娘は入水自殺を図ったが、アンジェルは助かった。一九二二年十二月、彼女はチュールで裁判にかけられた。この抑圧された、病的に嫉妬深い人間嫌いの女性に下された判決は、懲役一か月、罰金二〇〇フランと、軽いものだった。チュールの事件で重要な点はほかにある。ロカールは筆跡鑑定の効率の良さを世間に認識させ、彼自身も専門家として高く評価されたことだ。ロカールのコミュニケーション能力の高さと見栄えのする外見が、良い意味で期待を裏切り――くたびれた外見の無愛想な学者が登場すると思われていた――最新の科学を活用し、様々な形で広めてきたが、事件での成功から徐々にロカールという人物が世に認められるようになったのだ。

訳注：筆跡学とは、筆跡鑑定とは異なり、筆跡から書き手の性格を分析するもの。かつてフランスで人事採用に使われたが、現在では使われていない。

指導者としてのロカール

「自身が刺激を受けた恩師たちと同じように、ロカール博士は博識な研究者であり、統率者でもあり、疲れを知らないデータ収集家だ。ある仕事を実現しようとした場合、知見の広さと、

知識と技術を結び付ける能力の二つが必要である」(14)

指導者としてのロカールは、あいまいに使われている各用語を正確に定義することで活動範囲について説明しようと努め、様々な専門分野を規定し、整合性をとれるようにした。

「定義のあいまいな新しい専門分野に、それぞれ名前を付けた。犯罪科学、犯罪人類学、科学捜査、捜査術といった具合に。とはいえ、どう呼ぶかはあまり重要ではない。それよりも正確に定義すること、その名称が何であれ、意味を理解することだ。

犯罪学は、犯罪と犯罪者を研究すること。犯罪人類学は、まさしく犯罪者についての博物学だ。科学捜査は、生物学と物理学を警察での捜査に応用した研究だ。これらの言葉が入り混じることはない」

ロカールにとって身近な分野については「捜査術」という呼び名を提案している。ロカールは「生物学、物理学、化学、一部の数学(暗号の作成・解読の法則)で使われている手法の総称で、専門家の鑑定による犯罪の証拠を確立するもの」とまとめ、この定義には「法医学、法化学、証言者の心理学も含まれる。消去法による、もちろん人為的で不法なものだろうが、既に確立された技術から捜査術に限定される。犯罪科学はこれらをひとまとめにし、犯罪傾向についての研究を加えたものである」(15)

以上、ロカールの定義はハンス・グロスの『*Manuel du juge d'instruction*(予審判事の手引書)』や、ライスの確立した科学捜査の手引書に依るところが大きい。だが、リヨンのロカールは進んでアイデアの源を引用しながらも、捜査現場でこれらの技術を明確に実践に移そうとしていた。

ロカール博士の驚異の事件簿

ロカールが手がけた多数の事件で、研究所にやってくるのは華やかな「依頼人」ばかりではなかったが、一九二四年に発表した論文「*Policiers de roman et policiers de la laboratoire*（小説の捜査官と研究所の捜査官）」（16）には、特色ある事件が登場する。言っておかなければならないが、著者であるロカールはとても巧みなストーリーテラーで、語り手として素晴らしい才能があったという点だ。彼の話を聞く記者たちも、おのずと影響されてしまう。

ロカールには、この極細部にこだわる科学を最大限発展させようという狙いがあった。「植物の繊維、血痕、爪に残ったかけらといったものが犯罪を示しうる。ロカールは、泥棒がタールを塗った長いロープで逃げたことを知っており、容疑者の爪にタールが付いていたことから自白に持ち込んだ」。（17）犯行現場の地面を分析することは、シャーロック・ホームズから学んだ。「ぼくのやり方はよく知っているじゃないか。些細《ささい》なことを観察してだよ」［「ボスコム谷の謎」

どのような状況であれ、観察は怠らない。「殺人犯が逃げ、弾が犯人の胸に当たったが、庭は最近降った雨でぬかるんでいたため、犯人は転んで地面をへこませた。犯罪のしるしを残したのだ。ロカール博士は、犯人が倒れた跡を石膏で型をとった。右手には棍棒《こんぼう》を、左手には拳銃を持っている。真ん中の穴は弾丸によるものだ。その上にベストとダブルボタンの跡がある。殺人犯の身元を特定できたのは、アルザス風のベストと、珍しいタイプのダブルボタンのおかげだった」。(18) 石膏型は、二つとない証拠品の代わりとなった。

コラム：遺贈された骸骨

ロカールは恩師ラカサーニュ教授の思い出話をしたが、参考事例として〈ゴメ事件〉のことを話した。ゴメは「一八九八年十二月二十二日にカフェの女主人フシェラン未亡人を殺害した。当時、犯罪者たちの間で広く流行していた迷信に従って、犯人たちは被害者のベッドに糞便を残した。専門家が分析したところ、容疑者ゴメの糞便から見つかったのと同じ寄生虫やぎょう虫が発見された。逮捕されたゴメはあぜんとしたが、厚かましくもラカサーニュの手腕を称え、骸骨を遺贈したいと申し出た。こうして、ラカサーニュの研究室のドアのそばに骸骨が置かれた。頸椎《けいつい》骨が砕けて赤い跡が残っているのは、ギロチンの刃が当たったところだという」(19)

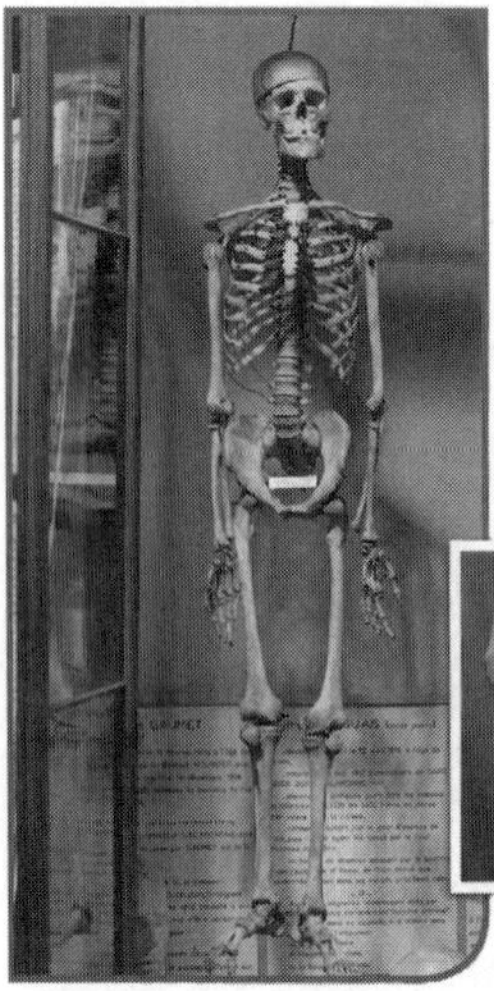

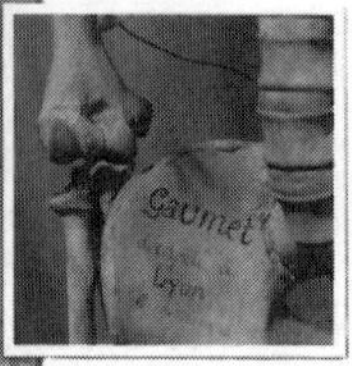

難解な事件はロカールを喜ばせたようだ。ある日、不思議な窃盗事件が相次いで起きた。いずれも白昼、窓が開いていた部屋から、珍しいものや光るものばかりが盗まれたのだ。ある犯行現場で、警官は「今まで誰も見たことがないような」奇妙な指紋を発見した。別途採取された指紋から、窃盗犯は「とても珍しい、人間には見られない指紋」の持ち主だと思われた。

やがてロカールは、探している犯人は人間ではないという結論に達した。犯人はサルだ！ただちに総員配置についた。街じゅうのサルを飼っている者、浮浪者、サーカスや大道芸人をあたり、サルを研究所に連れてきた。「指紋を採取する時、サルたちは嫌がった」ため、科捜研の所員たちは何度も噛まれながらサルに口輪をかけることになった。

結果は「ロカールは正しかった。犯人の正体は、イタリア人の辻音楽師が連れていた小さなサルだったのだ」。(20) この男はサルを訓練して誰もいない部屋に侵入させ、貴重品を盗ませたが、盗品は男の家から見つかった。抜け目のない男は、サルにも人間と同じく指紋があることを知らなかったのだろう。

ロカールは嬉々《きき》として事件のことを話したに違いない。独り占めせず、来客に珍しい犯人である、口輪をしたサルの写真を博物館で見せただろう。博物館とは、ロカールが科捜研の一角に設けたものである。

ガラスケースの犯罪博物館

博物館は、ロカールの挙げた目録の中で、「科学捜査研究所という組織のために」必要としていた、もう一つの場所である。

「博物館には、鑑定された主要な品々を置くこと。この場所は司法関係者、警官、鑑定人の教育用に役立てる」とあるが、リヨン科捜研の所長が考案した世界は、たちまち別の使命を帯びてきた。あっという間に来客や、取材に訪れた各地の記者にとっての名所になり、その様子を描いた挿絵から、衝撃を受けたことがうかがえる。

どんなゴールを目指していたのか？　グレヴァン美術館やマダム・タッソー蠟人形館の別館を作ることだろうか？　ロカールは「こんな展示なら、たくさんの訪問者が夢中になるよ」と言っているが、展示されているのは「犯罪にまつわる品々だけ」で、「将来、犯罪捜査に従事する人のための記録用と教育用」だという。

そのため「犯罪博物館はいつでも開いているし、誰でも歓迎する」が、入れるのは「興味深い事件について質問できる人」や「まとめてある歴史的文書を参照したい人」に限られる。一般向けの博物館ではないものの、警官や有名人など遠方からの珍しい来客や、大勢の記者たち

コラム：色々な役割を持つ博物館

「博物館にあるのは、ほとんど科学捜査研究所と同時代のものばかりだ。一九一〇年に裁判所の屋根裏部屋でひっそりと始め、科学的な手法で犯罪者を追跡、特定してきた。犯行に使われた凶器、指紋、偽造通貨などを少しずつ収集した」と、ロカールは語る。コレクションは増えていき「日々新たに事件が発生したり研究所で調査を行ったりすると、そこから教材を得られる。リヨンの科学捜査研究所は何人もの専門家を育成し、五大陸に散らばっていった。彼らとはずっと連絡を取っていて、色々な国から興味深いものを送ってくれるんだ」。また、ロカールの誇る「有名な犯罪者や捜査官のサインという私的なコレクション」も所蔵していた。

が、風変わりな展示品を多数収蔵した本物の「ガラスケースの犯罪博物館」を一目見たいと訪ねてくれれば、歓迎する。正式に開館したのは一九二一年七月だが、一九二一年十月二十六日付の大手日刊紙「ル・プチ・パリジャン」や、一九三八年秋号の「デテクティブ」誌（記者も読者もヘモグロビンの滲出《しんしゅつ》には驚かない）など、二度の大戦の合間のわずかな期間ながらも、科学捜研とその所長を有名にするのにマスコミは大いに貢献した。

　博物館の収蔵品すべてがジャック・プレヴェール風［映

画的という意味」の目録になるとまで言わないし、完全ではないかもしれないが、ロカールの集めた展示品はなかなか印象的だ。

博物館には〈カコーの間〉と呼ばれる大きな部屋があった。科捜研を創設する際に協力してくれたカコー副総監にちなんだ名前で、「ガラス張りの大きな展示室一つと、寄贈者の名を冠した三つの小さな部屋」があった。

〈エミール・バンデルの間〉は、エドモン・ロカールの義弟（妹マルグリットの夫）にちなんでいる。リヨンの名士、有力者で、ローヌ県議員、一九二〇年には県議会議長、一九三一年には上院議員を務めた。一部屋はジャン・ラカサーニュに捧げられている。刺青研究の第一人者で、父アレクサンドルのコレクションを受け継いだ人物である。〈ルイ・モードの間〉はリヨンの法廷弁護士にちなんでおり、有名人の手紙や直筆文書を多数寄付した。

博物館で筆跡鑑定人にとって「もっとも専門的」な場所は、アンジェル・ラヴァル（チュールの匿名の手紙事件）の直筆文書や、その他の偽造文書のコーナーだろう。

一方、ガラス張りの部屋には「各国の刑罰、処刑」に関するものや「拘留または釈放された犯罪者の描いた絵」といった「残忍なイメージ」の展示品が見られた。

「専門家ではない一般人」向けに――博物館には一般人向けという側面もある――〈エミール・バンデルの間〉では「強く印象に残る拳銃の数々」や、ナイフ、斧、様々な鈍器が展示された。

その中には、カイヨー夫人が「フィガロ」紙編集長のカルメットを射殺した時の弾丸や、一八九四年六月二十五日にフランス大統領カルノーがイタリア人アナーキストのカゼリオに暗殺された時の短刀（本物ではなく模造品）などがあった。「壁にはナバホナイフ、ブーメラン、ペティナイフ、コンスタンティーヌ［アルジェリアの都市］の虐殺で使われたアルジェリアのナイフ」が、ほかの大量の凶器と隣り合って展示されていた。

〈ラカサーニュの間〉には「娼婦や犯罪者の刺青コレクション」があったという。「皮膚に彫られた」「リアルな」刺青に、「若い女性にはこの部屋の見学をお勧めしない」と、ロカールは言っている。あまり恐怖を感じない〈モードの間〉と直筆文書をお勧めする、とも。「徒刑場から脱走し、国家警察パリ捜査局を開設したヴィドックのレターヘッド入り文書、ジュール・グレヴィ大統領の婿ウィルソンがレジオンドヌール勲章を要求した手紙、脱獄王ラテュードの長い手紙とバスティーユ監獄の見取り図。（中略）自動車を使った強盗団の首領ボノーの手紙など、犯罪博物館では犯行に使われた道具や犯人の身分証を所蔵している。それから……」と、案内役のロカールがため息をついたのは「値段がつけられないのはルイ十四世の時代の、海軍元帥カティナ直筆の手紙だ。いわゆる『ルイ十四世の大暗号』［フランス語の音節を数字に変換した］で作成され、十九世紀末にようやく解読された」（21）

ハストスコープ、パンスコープ、グラフォスコープ

この驚異の博物館は収蔵品を増やし、どんどん拡張していった。博物館用に追加された部屋は、一九三〇年代半ばにロカールから提供された部屋で、増大する研究所の機能を再編する必要に迫られた。物理的には、難しい名前の機器が届き、才能ある研修生を迎え入れるたびに、新たなスペースが必要となった。そういった理由から、研究所を効率的に拡張することになった。

顕微鏡写真機が最初に登場したのは一九二四年で、リヨン商工会議所からの助成金で購入した。それにより「ステージの上に紙を固定して顕微鏡で観察したり、埃を分析したりできるようになった。証拠品の写真は大きな技術改革をもたらし、鑑定人の仕事を大きく変えた。以降、研究所から持ち出せないものを法廷で見せることが可能になった。新しい技術によって正当性を認められ、鑑定人は研究所の中の日陰の存在ではなくなったのである。法廷に出て証拠を裁判に提供する、それこそエドモン・ロカールが公の場でやりたかったことであり、また、見事にやってのけるだろう」。(22)

ほどなくして、研究所はウッド灯を購入した。色々な用途があるが、ロカールや同僚たちが興味を持ったのは、匿名の手紙の鑑定で使うためだった。一九二五年、顕微鏡の世界にグラフォ

スコープが登場する。これはエドモン・ロカールが考案したもので、リヨンの企業であるガンブ社の協力で実現した。

同社は研究所のために、各種機器を製造してきた。また、一九三七年には、イタリアのバーリに住む公証人が直筆文書を調べるために、どこでグラフォスコープを購入できるのか、ロカール博士に手紙で問い合わせてきた。(23)

別のハストスコープという機器は、インパクトのある広告で宣伝されたが、これは優秀なスウェーデン人研修生ハリー・セーデルマンの考案したものだ。「四つの拡大鏡を備えた比較顕微鏡で、発射された弾丸を比較して調べ、銃を特定する」ためのもので、ガンブ社の製造であることが強調されている（当時の価格は二九〇〇フラン）。

一九三三年、研究所は同期検定器を購入する。こちらは英国人研修生ウィリアム・スターリングの考案したものだった。この機器により、比較したい文書や物体の二つの顕微鏡写真を同じプレート上で撮影することができる。これらの科学機器は、素人には見慣れない使い方をするもので、分析機器パンスコープとリペール＝ベルンハイム社の比較光度測定器（紫外線を使用した技術）、「目に見えない紫外線（ウッド

灯）を使った分析機器」デテクトランプの広告には「研究用に最適」、「本物と模造品を見分けるのに役に立ちます。潔白か、不貞があったのかを見抜き、修正や偽造、体内に入った異物やしみを発見します」などの言葉が並べられ、謳い文句には刑事局、スコットランド・ヤード、世界中の大都市の警察で使われているとある。

これらの機器を購入した数年間、ロカールを予算の問題で悩ませた。ロカールは公務員でも、国から給料を払われている立場でもなく、支払いはポケットマネーからだった。予算の割り当てがどのようになっていたのか確かめるのは難しいが、手紙の中に多少のヒントを見つけられる。「我々の予算は非常に限られている（一九二九年にこう書いている）。国からは一九二八年度の化学実験費用として五八〇フランしか支給されず、写真機購入の予算は七〇〇〇フラン強だった。私は五〇〇〇フランの機器を購入した。（中略）幸い、商工会議所から個人名義で助成金を受け取り、必要経費に充てている。

その他、備品の維持に国から八七三フラン支給された。文具費は県から直接支給されているので詳細不明だ」(24)

もちろん、ロカールの研究所は物資の提供を受ける側でもあった。一九三六年十一月には、次のような手紙を受け取っている。「先日、リヨンを訪れてから、私は二台の自動指紋採取装置を製造しました。準備が整いましたので、販売を予定しています。（中略）取り決めの通り、貴研究所へ一台を送ります。使ってみた感想や要望があれば、お知らせください。また、お約束の通り、犯罪学の雑誌で装置についてお話しいただけますか？」(25)

ロカールにとってのメリットは、装置を使って調査を行うことで、その見返りにこれらの「納入業者」は、調査の成功によって評判を得られるのだ。

難易度の高い鑑識の仕事

とはいえ、すべての仕事がいつもロカールの予想したように、あるいは支障なく進行するとは限らなかった。何らかの書類を書かされ、穏やかな大河とはほど遠く、深い逆波に見舞われ、おまけに圧力もかけられた。

〈ジレ事件〉では、リヨンの名家の青年が庭師に殺害された。この事件の裏側には、当地の神聖で上品な上流社会と相容れない、使用人らの風習〔悪ふざけ〕が潜んでいた。この事件は、パリの日刊紙の一面にロカールの写真が掲載される価値があるものだったが、鑑定人が介入したせいではなく、手続き上の問題から、事件から手を引くことになった。「ロカール博士は解任された後で確信した。不規則な時間に呼ばれ、撮影助手を引き連れた検察官が悲劇的事件を再現している最中に、昨晩予想していた通り、ローヌ県から解任された。だがその頃、県知事はリヨンに不在だったため作業の継続を命令できず、今朝をもってロカール博士はお役御免になってしまった。そうして事件は閉幕とされたのである」(26)

別の事件では、ロカールは慎重な姿勢を崩さず、鑑定人はすべてを明らかにすることはできないと自覚していた。たとえば〈ブゾンブ事件〉では、鉄道員がパラヴァ駅での二重殺人罪で起訴されたが、ロカールは慎重に振る舞った。「最初の証人たちが呼ばれた。まず、リヨンのロカール教授が、鑑定では結論が出せなかったと控えめに述べた」(27)

おそらくこれは、裁判所に立ち向かう〝全権の鑑定人〟という偏った印象を避けるためだろう。長らく、軽蔑とまではいかないまでも関心を持たれなかったのに、にわかに注目を集めるようになってしまったのだから。一方、日ごとにロカールの影響力が大きくなり、相当な件数の捜査を依頼されたのは疑いようがない。予算獲得でも好都合なうえ、研究所の捜査官が小説の捜査官よりはるかに優れていると証明できる。

ある大富豪の伯爵夫人の遺言書が異議申し立てを受けた件では、ロカールは真実を明るみにし、存在感を示した。それは一九二八年六月にアレクサンドリアで死去したマリー・カヒル・パシャの事件である。奇妙なことに、働き始めてまだ三か月しかたっていない若い秘書に二万五〇〇〇エジプトポンドを遺すと書かれていた(当時の二〇〇万フラン相当)。ロカールの研究所で遺言書を調べると、秘書は「一九二八年三月十八日付の遺言書は、切り貼りで偽造したものだと認めた。この捏造は、知的で絵の素養がある犯人にとって、必要なバラバラのパーツを切り貼りすれば十分に可能だった。切り貼りには本物の遺言書の言い回しを用い、捏造に必要な文字を手紙から切り取って白紙に張り付け、望ましい文面を作り上げる。決定稿の写真を撮り、石版だか銅版だか版画だかの方法で、または上からトレースする方法で書き写した」(28)

ロカールは遺言書というより自筆文書の異議申し立てについて相談を受けたが、別の分野においても、複雑で意外な鑑定を依頼された。「ロカール博士」宛に「商売敵に勝つために、家具に細工したのは私ではないと貴殿に証明していただきたい」という手紙が届いた。差出人はニースの〈ギャラリー・ポンパドール〉の経営者で、アンティークと装飾の専門家らしかった。「とんだどんでん返しですよ。商売敵は証人に『家具は本物だ』と言わせています。だから今度は家具が偽物であることを、私は証明しなければならないのです」。そこでリヨン科捜研は「古いものなのかがわかるよう、木の密度比を調べること（中略）家具のブロンズ製フレームを固定する糊の分析」などを依頼され、さらに「木のパーツすべての指紋を採取すること。家具職人が組み立てた時に、手で押さえたはずだ」と言われた。(29)

ほかには、モンソー＝レ＝ミーヌにあるブランジー炭鉱の技師から、ロカールにこんな依頼があった。「もし可能なら、研究所で十八世紀の肖像画を調べていただきたい」、また「貴殿がこのような科学調査に興味がおありかは存じませんが、結果をお知らせいただけましたら幸いです」。こう言われた肖像画は「マントノン侯爵夫人［ルイ十四世の妻］のものです。似ているので間違いないでしょう」とまで手紙の主は断言し、安心を得るため可能なら「写真での調査」を依頼し、さらに絵を描いたのは「優れた肖像画家」であると想像し、絵の中に「巨匠の筆遣い」まで見出している。(30)

手紙の中には、ロカールが暗号解読の達人であることを知っていて、暗号化されたメッセージが書かれていたものもあった。「数日前に、暗号化したメッセージを送りました」。そして、なぜ解読できないのかを説明してあった。専門家に自身の能力を見せることができて大喜びの差出人は、こう締めくくっている。「次回は、解読の手がかりをお送りしましょう」(31)

手がかりといえば、エドモン・ロカールは何度も個人的な問題を解決するために助けを求められ、手がかりを提供してきた。それとは別に、彼自身の興味から、時には世間を騒がせた大事件(それも大きな要因だが)を調べることもあった。彼の鋭い洞察力とフランス版シャーロック・ホームズの拡大鏡を逃れられなかったのが〈ドレフュス事件〉である。

ドレフュス事件：ロカール、ベルティヨンに反論する

エドモン・ロカールは、事件に精通した科学捜査研究所の所長として立場を明らかにした。風刺画家カラン・ダーシュが描いたフランスの家庭のカリカチュア［家庭で事件の話題を出したら大喧嘩になった］のように、フランス中を政治的に分断した〈ドレフュス事件〉についてである。

話は一八九四年十月にさかのぼる。フランス陸軍参謀本部付きの将校アルフレッド・ドレフュス大尉が、国防に関する情報をドイツに渡した容疑で逮捕された。容疑をかけられる要因となった書類は、ある匿名的性格の覚え書きで、パリ駐在ドイツ大使館付武官フォン・シュヴァルツコッペン大佐の屑籠から発見されたものだった。

分析の結果、筆跡はドレフュス大尉のものと判断され、終身刑を言い渡されると軍籍を剥奪され、悪魔島へ送られた。しばらくして

ピカール中佐が新たに情報部長に就任すると、真犯人はエステラジー少佐だと確信を抱く。だが、ピカールの後任者アンリ大佐が自殺するなど、調査には様々な妨害が入り、思うように進まない。一八九八年、軍法会議でエステラジーに無罪判決が言い渡されるが、作家エミール・ゾラが新聞に「私は弾劾する」の題で公開質問状を掲載し、やがて事件は再審へと至る。

だが、反ユダヤ主義の勢力が強く、国中がドレフュス派と反ドレフュス派に分断されるという、国家の危機をもたらす。長期にわたる裁判の末、一九〇六年、ようやく破毀院がドレフュスの無罪と名誉回復を言い渡した。ところで、告発の始まりとなった覚え書きはどうなったのか？　ドレフュス事件の筆跡鑑定は、ベルティヨンが担当していた。筆跡鑑定の実施から長い年月が過ぎた頃、ロカールは見解を述べた。一九二五年、著書『*L'Enquête criminelle et les méthodes scientifiques*（犯罪捜査と科学的手法）』（32）の中で、ロカールは人体測定法の生みの親ベルティヨンが裁判で演じた役割について、こう述べている。「これほど偉大な分別ある人物が、ドレフュスの有罪を確信したとは。ベルティヨンは事実を無視したばかりか、事件を解決しようともしなかった。答えは彼自身の中にあり、信念を持っていたのだ」

一九三七年、ロカールは例の「覚え書き」を調べる機会に恵まれた。「アルフォンス・ベルティヨンとは、ドレフュス事件について少しだけ話したことがある。打ち明け話のようなものは聞き出せなかった。様々な理由から、そこまで聞き出すのはやりすぎだし、そもそも彼は進んで打ち明けたりはしなかった。おそらく、彼の〝お仲間〟（こんな表現は似つかわしくないだろうが）と同じく、事件について話すことは、彼の信念を裏切ってしまうと考えたのではなかろうか。国家に仕え、かつ司法の世界に身を置いている者として。〝仕える〟では弱い。当人は国家を〝救う〟と考えていたのだろう。明白と思われることをそれ以上語らなかったのは、反論の余地もないほど証明されたからだ。しかし、彼の発言内容は、国家保安や国境の安全確保を知る者として、貴重なものの保護と救済とも解釈できる」

要するに、ベルティヨン個人にとっての国家的理由のために、ロカールも手にした「覚え書き」の厳格な分析が軽視されたという。だが、ロカールは躊躇しなかった。「最初の鑑定人たちは、エステラジーの筆跡だとわからなかった。このハンガリー系の人物が容疑者として浮上したとき、証拠は意味を失った。（中略）ここに、エステラジーの手紙を掲載する。一目見れば、全体の特徴は明らかだ。すべての文字を分析すれば、覚え書きの筆跡はエステラジーのものだとはっきりわかる」

ロカールは一つずつ、類似点を説明する。「これほど簡単な鑑定はなく」、最初から「論争を一刀両断に切り捨て」、「フランス中を分断する」ことは避けられただろうと語る。「文書の鑑定人は、非常な不名誉をこうむった。もはや偉大な人物の面影はない。良識から、この人物への中傷は差し控えるが、あくまで鑑定にこだわり、単なる彼への悪評にすることは避けたい」（33）と締めくくくっている。

エドモン・ロカールは自身の経験に基づき、指摘のように、フランスを分断した論争について意見を述べた。〈ドレフュス事件〉以外にも、最先端の技術で過去の事件を再調査しようという狙いがあった。

第五章

シャーロック・ホームズから
エドガー・フーヴァーへ

ロカール、世界中の捜査官から依頼を受ける

国際的な機関誌の発行

ロカールが叢書として発行した国際犯罪学アカデミーの機関誌「国際犯罪学論」からは、彼が〈ドレフュス事件〉を重要視していたことがよくわかる。

題名が大げさすぎる？　そんなことはないだろう。ロカールは動機を明らかにしており、おそらく二つの狙いがあったと思われる。あらかじめ海外でも彼の評判を確立しておき、そのうえで合法的に協定を結び、犯罪捜査について情報交換するのだ。「この困難な時代に、犯罪捜査に関する機関誌を創刊するのは果敢な試みだが、私は長年考えていた」。一九二九年七月の創刊号の序文で、ロカールはこのように書いている。科学捜査研究所で助手を務めた「友人ハリー・セーデルマン」、編集者兼「発行人」であるデヴィーニュ氏、「法学博士」でセーデルマンと共に編集部秘書となったマギー・ギラルといった協力者への謝辞が続く。「国際的な」雑誌を刊行することは「犯罪者が国境を越えるのだから」必要不可欠だった。「犯罪に関連するものすべて」を研究し、専門家に向けて十三の重要項目を挙げている。

取り扱う範囲が幅広いのは、犯罪学の大家たち二十数名が協力してくれたおかげで、その国籍はフランスや欧州各国、米国や南米にまで及ぶ。協力者にはローザンヌのビショフ教授、ベルリンのハインドル、ローマのオットレンギ、バークレー警察署長ヴォルマー、リヨン大学のマゼル、ハバナ大学のオルティス教授らの名前が見られる。

この雑誌はこれ以外の専門家にも門戸を開いており、たとえば一九三一年の号にはリヨン大学医学部のエティエンヌ・バラル博士も参加している。一九二五年に〈ブーグラ事件〉で注目を集めた人物である。

マルセイユ出身の医師ブーグラは、患者の死体を薬品棚に隠しておいたのを見つかり、殺人罪で起訴された。だが、鑑定人の報告書は医師の罪状を軽くするものだった。被害者である患者は注射を打たれており、毒物を調べることになった際、初めはロカールに依頼が行った。ロカールは辞退したため、バラル博士が推薦された。

バラル博士は死因を「治療中の事故と考えられる。被害者は薬剤でショックを受けやすい体質で、このような医療事故は、不幸だがときどき起こる」と結論づけた。だが、重罪院の裁判長は専門家たちの供述にもかかわらず、有罪判決を下し、ブーグラに終身強制労働を言い渡した。ブーグラは移動中に囚人輸送車から脱走し、その先は後世まで語り草になるかもしれないが、パピヨンという偽名を使い、ベネズエラに逃亡すると現地で人気の医師になったのである。

バラル教授は一九三一年に、ロカールが創刊した叢書「国際犯罪学論」で、裁判所からない

がしろにされたブーグラの事件について紹介している。（1）

この国際的使命を帯びた雑誌では、英語、ドイツ語、スペイン語、フランス語の記事を受け付けており、また、ロカールたっての願いで見開きはエスペラント語で書かれている。ロカール所長が使ったエスペラント語という国際補助語の利点はあまり世に知られていなかったが、相当な力の入れようだった。その証拠に、一九三五年一月に「インテルナツィア・ポリツァ・ブルテノ（Internacia Polica Bulteno）」という、発行人の人となりを表す題名のエスペラント語雑誌を創刊した。「人々に平和をもたらすという、考案者の理想を実現するためエスペラント語を使う仕事は、ほかの人に任せよう」と書かれている。特にロカールにとっては「秩序を乱す者」の問題であり、要するに、犯罪捜査に従事する人間ならばよく理解しているだろう。犯罪学の雑誌は各言語で出版されているが、専門家たちでさえ、すべての言語を習得しているだろうか？ほとんどいないだろう。だからこそ、エスペラント語は「相互理解」の手段として非常に有効なのだ。エスペラント語の布教者ロカールは、別の「ラ・トリビューン・エスペランティスト」という雑誌で「今は、犯罪捜査の世界でエスペラント語を広く普及させることを目指している」、さらに「リヨンでも、捜査に従事する人々にエスペラント語教育を始めている」（2）と述べており、エスペラント語教育と同時に国際的機関の創設を目指していることを明かす。

しかし、簡単に言うと、エスペラント語の行く手は阻まれた。エドモン・ロカールは最前線にいたが、あまりにも時代を先取りしすぎたのだ。

「国際犯罪学論」のたどった運命は、輝かしいものではなかった。記事に価値がないからではなく、内容が最先端すぎて十分な購読者を確保できず、出版や世間に広めることが困難になり、やがて不定期刊行になり、そういったことが理由で一九三八年に廃刊となった。その頃、エドモン・ロカールは一名の編集スタッフ兼科捜研助手を得た。息子のジャックである。

ロカールはシャーロック・ホームズ？

サン＝ジャン通り三十五番地は相変わらず静かな場所だったが、フランスだけでなく徐々に世界からも注目を集めるようになった。エドモン・ロカールの名前はいっそう有名になり、雑誌のページをめくれば名前が目に飛び込んでくるといった具合で、あだ名まで付いた。一九三三年三月には英国の新聞で「シャーロック・ホームズを追い越した（Sherlock Holmes Outdone）」と言われるようになった。「ホームズを追い越した」だって？　そう書いてあるのだ。そして犯罪者を逮捕すべく、最新の科学的手法を使ったフランスの科学捜査官をこのように称したのは、ほかならぬ英国人なのである。ロカールは満足したことだろう。彼自身、推理小説の主人公のうち、コナン・ドイルの生み出した人物に愛着を抱き、称賛を送っているのだから。

　ロカールの論文「小説の捜査官と研究所の捜査官」を読むと、称賛の言葉、シャーロック・ホームズの外見の描写に続き、その卓越した行動について書かれている。「ホームズの専門分野は狭く、捜査術に限られている」、「友人ワトソンがホームズのことを、通俗文学の幅広い知識を持つと書いている」とあり、それはつまり「様々な国で起きた犯罪事件を調べたから」であり、そのおかげで目の前の謎を迅速に解明できるという。ロカールはホームズの「ある領域についてはまったくの無知である」ことや「コペルニクスやガリレイを知らない」こと、「ホームズは文学や哲学、天文学の知識を持たない」ことを指摘した。少なくとも、これらの〝欠落〟は犯罪世界の知識

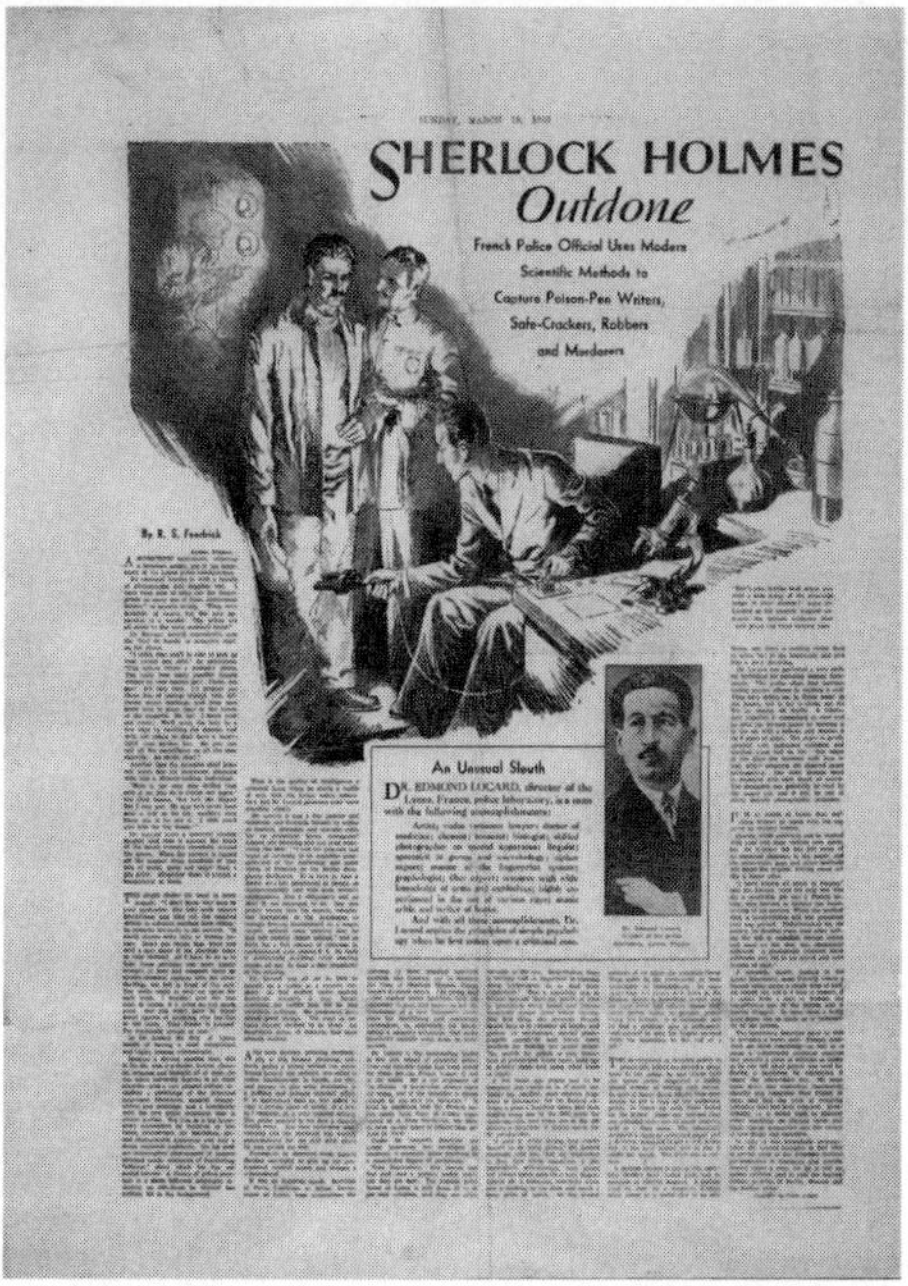
SHERLOCK HOLMES
Outdone
French Police Official Uses Modern Scientific Methods to Capture Poison-Pen Writers, Safe-Crackers, Robbers and Murderers

By R. S. Fendrick

An Unusual Sleuth

DR. EDMOND LOCARD, director of the Lyons, France, police laboratory, is a man with the following accomplishments:

で補われていると、ロカールは『犯罪捜査学論』でも指摘している。「ホームズの捜査術の知識には､唯一欠点がある。それは指紋を活用しないことだ。そのことを不安にも思っていない」。しかしながら「ホームズの冒険は、指紋検査法が確立されたのと同時代で、知らなかったはずはない」。訳注（3）

だが､こうした点はあくまで些末なことだ。ロカールは次のように書いているのだから。「犯罪科学を扱った有名作家の中にコナン・ドイルがいる。エジンバラ大学で法医学を学んだ彼は、理想的な探偵としてシャーロック・ホームズを生み出し、その名声は世界に広まった」と。また、リヨン科捜研所長は「ホームズの冒険から、衣服の埃や泥はねを手がかりにした捜査を初めて学んだ。こんな斬新な考え方をするのは自分一人じゃないと知り、有効なヒントを得た」と打ち明けている。

コナン・ドイルは一八五九年生まれ、ロカールは一八七七年生まれと十八歳も離れているが、彼らは実際に会ったことがあるのだろうか？　ロカールによれば、リヨンでコナン・ドイルとの対面が叶《かな》ったが、ある逸話があるという。「シャーロック・ホームズの偉大な生みの親が犯罪博物館を訪れた。一枚の写真の前で足を止めると『おや、これはうちの運転手じゃないか』と言った。私は、何かの間違いではありませんかと尋ねた。その写真は、強盗団の首領だったジュール・ボノーのものだったのだ。高名な作家は『間違いじゃない』と返した。やがて彼の

言うとおりだと判明した。ボノーは二か月ほどロンドンのコナン・ドイル邸で運転手をしていたのだ」(4)

さて、ここで違う見方をしてみよう。コナン・ドイルは本当にリヨンを訪れたのか? そして、強盗ジュール・ボノーは本当にコナン・ドイルの運転手だったのか? という点である。名探偵ロカールは、ボノーについて調査を行っている。たとえば、フランシス・ラカサンの『*Mythologie du roman policier*』(5)には、一九二五年にコナン・ドイルがリヨンを訪れたことが書かれている。同年、シャーロック・ホームズの生みの親は、九月六日から十三日までパリで開催された心霊主義会議で議長を務めるため、渡仏していた。

大衆受けを気にするマスコミは、次の二点を考慮すべきだ。高名な英国人作家はかねてから心霊主義に夢中だったが、第一次世界大戦中に息子が負傷の後に病死して以来、いっそう傾倒した。一九二五年のフランス滞在中、コナン・ドイルはロカールの科学捜査研究所と犯罪博物館を訪問していた可能性がある。コナン・ドイルの渡仏の前にも後にも、多くの人が訪れた場所である。

一九五九年、リヨンでラジオ番組に出演したロカールは、記者のマックス・ニコラからインタビューを受けている。コナン・ドイル生誕一〇〇周年にあたり、ロカールはコナン・ドイルが科捜研を訪れた際の、ボノーの逸話を披露した。「ええ、そうなんですよ! これは本当の話です。くだんの運転手はボノーだったんです、あの〈ボノー団〉の首領の……」。(6)ここで司会者が強引に割って入った。
この逸話について、フランス・ホームズ協会のジャン＝ピエール・クローザーは違う解釈をしている。「ラカサンと似た話がピーター・コステロの『*The Real World of Sherlock Holmes*』(7)にある。正確な日付も判明している。『一九二一年三月、オーストラリアで開催された会議から帰る途中、コナン・ドイルはマルセイユからフランスに上陸し、リヨンを通った……』さらに『ボノーがコナン・ドイルの運転手を務めた時期は明らかではない。一九一一年十一月より前に撮影されたボノーの写真が残っているが、アシュトン・ウルフが所有する自動車のハンドルを握っている。アシュトン・ウルフは一九二〇年代にコナン・ドイルと親しかった友人である。ボノーは一九一一年の終わり頃、アシュトン・ウルフの運転手として働いていた』。(8)それでは、一九二五年のリヨンから離れよう。

訳注：「ノーウッドの建築業者」などに指紋が登場する。

橋渡し役だったアシュトン・ウルフ

我々の前に、新たにアシュトン・ウルフという人物が登場した。ロカールは友人である記者アンリ・ダンジュー宛の手紙で、ハリー・アシュトン・ウルフのことを次のように紹介している。

「コナン・ドイルの逸話について、真相は次のとおりだ。ボノーはロンドンにいた頃、推理作家アシュトン・ウルフのお抱え運転手だったんだ。[訳注] 私が書いた『*Contes apaches*（アパッシュの事件集）』を英訳してくれたのがアシュトン・ウルフだ。彼はコナン・ドイルと親しい関係だった。コナン・ドイルは何度かアシュトン・ウルフの自動車に乗せてもらっただろう。それはボノーの運転だった可能性がある。二人の作家が、小説中の探偵の優劣について議論する写真を一緒に送ろう」(9)

その二年後の一九三八年、「犯罪者図鑑」としてリヨンの大犯罪者をまとめて紹介した雑誌の特集号で、ロカールは逸話の真相を明らかにしている。

訳注：アシュトン・ウルフの著書『*Outlaws of Modern Days*』では、ボノーはロンドンではなくパリで、銀行強盗をする直前までアシュトン・ウルフの運転手をしていたと記述されている。

「友人のアシュトン・ウルフが犯罪博物館を訪れた。彼は英国の推理作家で、コナン・ドイルの協力者にして友人である。ボノーの展示のガラスケースの前で、彼はまじまじと写真を見ると、驚いて声を上げた。『驚いたな、私の運転手じゃないか!』。果たしてボノーは、主人の書いた小説を読んだのだろうか？　その可能性はある。ボノーには冒険志向もあったのだろうか？」

ロカールからコナン・ドイルへの手紙

ジュール・ボノーに気づいた訪問者である可能性がきわめて高いアシュトン・ウルフは、同時にロカールとコナン・ドイルをつなぐ立役者でもあった。この二人が直接会ったことはなかったとしても、何度も手紙のやりとりをしていたのだから。その証拠に、ロカールが書いた一九二七年一月十一日付の手紙では、コナン・ドイルに「尊敬する巨匠へ」と呼びかけている。

手紙の一行目から、二人が会ったことがないことが明らかにわかる。ロカールは次のように書いている。

「肖像写真をお送りくださるとのこと、誠にありがとうございます。研究所内にある犯罪博物館の、捜査術を考案した人々の中でいちばん良い場所に飾りましょう。私はあなたのことも、あなたの書かれた小説も、尊敬してやみません。私が科学捜査の道に進み、仕事にしているのも、あなたの影響なのです。小説からは多くのアイデアを得ています。特に埃の分析に関しては、リヨンの研究所でも実によく調べたものですが、シャーロック・ホームズからヒントを得ました。また、犯罪捜査を志す若者がどんな本を読んだらいいか助言を求めてくると、ライスやラカサーニュ、グロスの本よりも先に、まずシャーロック・ホームズを勧めています。最近のことですが、アシュトン・ウルフと一緒に、研究所での捜査を基にした実話集を作ろうという話になりました。私の捜査方法の誕生にあなたが果たした役割について、英国の大衆に証明する良い機会となるでしょう。また、喜んでいただけると思いますが（既にアシュトン・ウルフからお聞き及びでしょう）、研究所の執務室にあなたの名前を冠することになりました。写真をお送りいただけること、重ねてお礼を申し上げます。尊敬する巨匠へ、最大限の敬意をこめて」(10)

コナン・ドイルのリヨン探訪が現実のものではなかったとしても——とはいえ実に魅力的な

逸話だし、稀代の語り手ロカールは、真偽を尋ねられても公には否定しなかった——コナン・ドイルとロカールの間に交流があったのは紛れもない事実であり、そのことはリヨン科捜研の創設者ロカールからシャーロック・ホームズの生みの親コナン・ドイルに向けられた言葉で強調された。二人の関係はなかなか感動的であると同時に象徴的だ。「感動的」というのは、ロカールが無謬《むびゅう》の探偵シャーロック・ホームズと同様に尊敬し、彼に影響を与えたコナン・ドイルとの交流で、自身の存在意義を最大限に見出したからだ。だが、コナン・ドイルは一九二九年に重大な心臓発作を起こし、体調が悪化した。快方に向かうだろうという主治医の診断に反して、一九三〇年七月七日、重大な発作が引き金となり死去した。

「象徴的」な側面というのは、コナン・ドイルの死後のことである。エドモン・ロカールの肉体を通してシャーロック・ホームズという人物が体現され、フランス、ヨーロッパにとどまらず、世界中から現実のホームズとして認識され、あだ名までつけられた。このことは一部の人間にとっては、特にJ・エドガー・フーヴァーのような全権者にとってはまったく無意味なことではなかった。フーヴァーらはリヨン科捜研所長ロカールに書簡を送っていた。

コラム：フランスの巨匠から英国の巨匠へ

ロカールの資料から発見された、ロカールから晩年のコナン・ドイル宛の手紙である。

一九二九年十二月三十日
サー・アーサー・コナン・ドイル
英国サセックス州クロウバラ、ウィンドルシャム

親愛なる巨匠へ

今しがた、友人のアシュトン・ウルフから、お加減がすぐれないと聞きました。良い知らせが聞けることを、ことに回復されたという知らせが聞けることを願っています。
尊敬する巨匠へ、新年のあいさつを申し上げます。

敬意と変わらぬ恭謙の気持ちを込めて（11）

ロカールとスコットランド・ヤード

その頃には、捜査官や記者を養成する国際的教育機関が存在し、捜査術や科学捜査に特化した授業を行っていた。このような学校を作ったのは、リヨン科捜研所長にして「国際犯罪学論」編集長だったロカール以外にない。一九三三年には自ら「生徒の宿題の間違いを直し」たり、「卒業試験の試験官を担当し、学位を授与し」たりしていた。エドモン・ロカールの教育活動歴は長く、一九一〇年頃から犯罪学の講義を行っていた。この講義は、リヨン大学法学部で、ガロー教授とラカサーニュ教授が管轄する法医学講座の一環として行われたものである。かつてリヨン大学法学部で犯罪学の教鞭をとっていたことを思い出したのか、自ら校長となり、一九三三年十一月より「毎週火曜十四時から、研究所内で」(12) 再開した。ローヌ県知事は、リヨン都市圏の警視らに受講を呼びかけた。「受講者は、リヨン大学に登録する必要はない（中略）業務に支障のないかぎり出席せよ」と。(13)

ほかにも様々なことがロカールを待っていた。ロカールの仕事や手法が光栄にも名高いスコットランド・ヤードにも知られるようになり、ロカールが「国際犯罪学論」にスコットランド・ヤードの指紋認証システムの記事を掲載したことで感謝された。(14) ロカールはスコットランド・ヤードと旧知の関係で、一九二四年には警視がリヨン科捜研を訪ねてきた。別の英国人訪問者バジル・トンプソンはＣＤＩ（犯罪捜査局）の元局長にしてＭＩ６課報員で、波乱に富んだキャリアを歩んだ人物だが（特筆すべきは、女スパイのマタ・ハリを尋問、釈放したことだろうか）、ある時「シャム国王の依頼で、バンコクの司法警察にある部署を新設したい」と言ってきた。そしてロカールに「王子のヴォンジー・ニルジャル大佐と副官サイード氏をリヨンに連れてきて科捜研を見学させ、諸外国でよく知られている文書偽造法を学ばせてもらえないか？」と頼んだのである。(15)

ロンドンからロカールに届いた手紙の中には、ヘンリー・T・F・ローズからの推薦状もあった。友人で同僚の害虫学研究所所長のＨ・Ｗ・ブラッド・ライアン教授が「国際犯罪学アカデミー」への加入を希望しているという。ローズはリヨンの街を知っていた。二か月ほど科捜研で研修をしていた経験があり、ロカールが創設した犯罪学に関する専門家養成機関で上級クラスの修了証も取得していた。一九三一年より、ロカールは犯罪学博士号を制定しようとしていたが、当時の文部大臣からは認可が下りなかったため断念し、修了証は一九三四年の一年間限りという短命に終わった（この修了証の取得者はローズ以外には二名おり、一名は指紋転写の研究をしたジュネーブのポール・ロシャ、もう一名は科捜研で三年間研修生だったウィリアム・スターリング）。

謎の研修生ルン・ファン

文部省から犯罪学博士号の案を却下されても、ロカールも彼のチームも変わらず旺盛な行動力を発揮していた。マスコミは定期的にロカールのことを取り上げていたが、一九三〇年二月には、ロカール博士らが解決した奇妙な指紋の謎が掲載された。マルセイユで自動車事故が起こり、事故を起こした運転手の指紋をマルセイユ科捜研で採取したところ、所長のベルー博士は驚愕した。「人体測定カードの指紋を見ると、黒い指紋の上に、〇・五センチほどの大きさで"BESN"という大文字が白く浮き出ていた」という。運転手の指についてベルー博士が詳しく調べた後、リヨンの同業者に任された。ロカールの助手シュヴァシュのおかげで納得のいく説明がついたが、中国人研修生ル・ウン（Le Ung）の手柄でもあった。彼が明らかにしたのは、事故が起きた瞬間、運転手がハンドルを強く握りしめたことで血行が止まり、それがインクの代わりとなり、指紋の上にくっきりと文字を浮かび上がらせたということだった。(16)

ロカール率いるリヨン科捜研の新たな成功はマスコミによって報じられ、反響は米国ＡＰ通信のパリ支社にまで及んだ。「ロカール博士のことがＡＰ通信によって報道されると、同社がフランスのニュースを提供する米国と南米一四〇〇紙の読者らが、非常な関心を示した」。また、AP通信はこの事件の詳細と併せて「中国人研修生ル・ウン氏の写真」(17) を要求している。

この要求にロカールが応えたかは不明だが、数年後、この才能に恵まれた中国出身の研修生の名前が正しくはルン・ファン (Leung Fan) だったことが判明した。

ルン・ファンはまず一九二九年に、文書偽造の研究で文学博士号を取得した。中国語の文字を筆で偽装する方法について、筆跡学の手法を採り入れた研究である。ルン・ファンはその後、動物の血液の研究に関心を示し、一九三一年には科学の博士論文を提出した。

その後の経歴は、なかなかユニークだ。彼は自費でリヨンに滞在していたらしく、リヨン市から有罪を言い渡され、「破産による一年の収監」となった際、ロカールは知人に彼の身を案じる手紙（「だが私としては、彼が異議申し立てをすると思っている」）を書いている。結局ルン・ファンはフランスを離れ、ロカールによれば彼は上海へ行き、そこで犯罪学の教授になり、さらには科学捜査研究所の所長となり、やがて諜報機関のトップになったという！　こうなると、科学捜査研究所の捜査官というより、スパイ小説の捜査官だ。

ロカールとFBI

マルセイユの指紋の事件に話を戻すと、実際のところエドモン・ロカールは大西洋の向こう側で名声が高まるよう、宣伝に気を配っていたのだろうか？　事件の取材でAP通信社が連絡してくると、ロカールはすかさず力説した。「言うまでもありませんが、この最新の科学がフランスでさらなる発展を遂げることを、我々は喜ばしく思っています」。米国からは、膨大な量の手紙が届くようになったが、それはいっそう評判が高まったことの表れだった。その中でも重要なものを紹介しよう。

ロカールと知り合いになったカリフォルニア州バークレー警察署長オーガスト・ヴォルマーは「米国の犯罪捜査官の中でも偉大な科学者の一人」と言われた。カリフォルニア大学のエドワード・オスカー・ハインリッヒは「ヨーロッパの犯罪捜査で実践されている捜査術について、情報を求めている」。(18) ハインリッヒは、カリフォルニア大学バークレー校で犯罪学の先駆者となった人物で、犯行現場に殺人犯が残した痕跡について、ロカールと同じ理論を支持していた。彼はやがてリヨンを訪れ、一九三二年二月に、サンフランシスコからロカールに次のように返信している。

親愛なるロカール博士

先日出版された『犯罪捜査学論』の書評のコピーを同封します。編集者にも読ませていただければと思います。この書評は「ジャーナル・オブ・クリミナル・ロー・アンド・クリミノロジー」誌の次号に掲載される予定です。著書の成功にお祝い申し上げます。とても楽しく拝読しました。

一九三〇年に、リヨンの貴研究所を訪問した時のことを思い出しました。ご著書の書評を書いたので、この手紙もフランス語で書くことにしました。おそらく一九三五年頃になるでしょうが、またお目にかかれることを願っています。ギラル嬢にもどうかよろしくお伝えください。

誠意をこめて

エドワード・オスカー・ハインリッヒ（19）

手紙の数々から、同じく一九三〇年代には、ロカールはカルヴィン・H・ゴダードと交流があったことがうかがえる。（20）ゴダードは米国の陸軍大佐で、名高い高潔の士エリオット・ネス［訳注］がギャングやアル・カポネと死闘を繰り広げた際に、弾道学の専門家としてネスを助けた。また、ノースウェスタン大学に米国初の科学捜査研究所（後の Scientific Crime Detection Laboratory）を開設すると、ゴダードがその中心となった。シカゴで起きた悪名高いギャング抗争〈聖バレンタインデーの虐殺〉では専門家として助言を求められ、また、世間を騒がせた強盗殺人事件〈サッコ・ヴァンゼッティ事件〉の捜査にも協力した。容疑者二人のうち一方が所有していた拳銃が、一九二〇年五月五日、マサチューセッツ州サウス・ブレインツリーで、企業の給料を運搬中の従業員二名の殺害に使われたものだと証明した。

それだけでなく、カルヴィン・ゴダードは別の有力者のために尽力している。ＦＢＩ（連邦捜査局）長官のジョン・エドガー・フーヴァーである。

訳注：財務省酒類取締局捜査官。アル・カポネ逮捕は映画「アンタッチャブル」にも描かれた。

親愛なるミスター・フーヴァー

公式には一九三五年、ＢＯＩ（捜査局）の後継となる形でＦＢＩは誕生し、フーヴァーは一九二四年より局長としてＢＯＩを率いていた。重要な対犯罪組織となったのは一九三四年で、一連の法律により米国全域へとその権限を拡大したのが契機となった。〝全権者〟の局長は、自身でも公言してはばからず、一九七二年に死去するまで長官の座にとどまり、不動の存在として恐れられた。一九三〇年代には、フーヴァーは米国から遠く離れた地で活躍するエドモン・ロカールの仕事ぶりを知っていた。証拠として、一九三七年九月二十九日付の手紙を紹介しよう。

ロカール博士

現在、FBI犯罪捜査研究所所長のE・P・コフィー氏をヨーロッパに向わせており、各国の優れた科学捜査機関を訪問させる予定です。特に、貴殿の率いる素晴らしい研究所を訪問するべく、リヨンに立ち寄り貴殿に面会するよう、命じてあります。コフィー氏は、科学捜査研究所に強い興味を持つことでしょう。十一月前半にリヨンへ到着すると思われますが、到着日を手紙で貴殿に知らせるよう、伝えてあります。

貴殿がFBIを訪問する際は、いつでも大歓迎します。

フーヴァーは、ロカールがＦＢＩを訪問するのを楽しみにしていたようだ。

敬具

Ｊ・Ｅ・フーヴァー（21）

十一月五日、ＦＢＩ犯罪捜査研究所所長のコフィーは、フーヴァーの手紙にあったように、リヨン科捜研を訪問したいと連絡してきた。十二月十八日には、フーヴァーはロカール宛に新たな手紙を送ったが、「コフィーの視察結果に満足したようだった。「コフィー氏の要望に応えて、リヨン科捜研をＦＢＩの協力捜査機関に加えることにしました。ＦＢＩの機関誌を同封するのでお受け取りください。併せて、ＦＢＩが行ってきた捜査について書かれた各種出版物をお送りします。共通の関心を持つ分野で協力できる日を、我々は熱意を持って待ち望んでおります」

一九三八年一月四日には、ロカールは「親愛なるミスター・フーヴァー」と返信し、フーヴァーが送った資料の礼を述べている。「ＦＢＩへの捜査協力という光栄なお話は、『国際犯罪学論』にて報告させていただきます」（22）

国際犯罪学アカデミー

一九三〇年代の終わり、エドモン・ロカールの名声は疑いようがなく、その影響力は慎ましい研究所の範囲を超えていた。一九三八年には、犯罪学に関する国際会議の開催が告知された。場所はローザンヌで、日時は同年七月二十二〜二十四日、主催は一九二九年にローザンヌで結成されたアカデミーである。参加者のうち、アムステルダム大学のファン・レデン・ハルスボッシュ教授と、ウィーン警察科捜研のチュルケル所長は、もともと同様な犯罪学アカデミーのメンバーで、ロカールも共同設立者だった。この団体は機関紙「国際犯罪学論」を当時さかんに刊行していた。

この国際犯罪学アカデミーの第一回会議は一九三〇年十月にウィーンで開催され、「ヨーロッパ中と米国の専門家多数」が参加したという。これにより「初めて」国際的計画についての新発見と、彼らの仕事の重要さを際立たせることになった。「ヴァルター・ヘース博士が最初に報告した後、続けて弾丸と薬莢から銃を特定する手法について、メッガー、ハースラッハー、ヘースの三名による討論が行われた。そのほか、ブリューニング教授による弾丸を撮影する機械の発表、ロホテ教授による埃を使った実験の発表、ダネクヴォルト教授による犯罪捜査における赤外線写真の使用についての発表が行われた」(23)

運営にはいくつか問題があり、特に何度も開催するには資金面での問題が大きく、一九三八年一月のローザンヌ大学での会議が最後の開催となった。「犯罪学の始まりの地であるローザンヌに敬意を表して」である。だが、中心人物であり、ロカールが決断を仰いだ恩師の一人ロドルフ・アーチボルト・ライスは数年前にこの世の人ではなくなっていた。晩年のライスがロカールに宛てた書簡では、冷めた口調で予期せぬキャリアの終わりについて語っている。独創的な仕事をしていたにもかかわらず、一九一九年にローザンヌ大学での教職を辞任し、一九二一年にはベオグラードに移住した。周囲のある「専門家」の技能について、ライスは辛辣に批判している。一九二九年三月六日付の手紙でロカールにこう書いている。「君も知っての通り、私はSHS（セルブ・クロアート・スロヴェーン王国）王立銀行で鑑定を行っている。（中略）内務省のアン

ドノヴィチとかいう技術課長がいるんだが、学校でいうと、下士官学校の中に高校生のクラスが交じっているような状態だ。この正真正銘の馬鹿がインクの古さを証明するため（中略）ても重要な最終鑑定を行った。この馬鹿者ときたら、化学の初歩すらわかっちゃいない。裁判所はこの鑑定について『何か意味はあるのですか？』と言った。もちろん、鑑定は無意味だったし、あんなひどい馬鹿にはこれまで会ったことがない。裁判所は容疑者に無罪を言い渡したよ……」。ライスはまた、別の国にもアンドノヴィチのような人物はいるのだと嘆く。「警報を鳴らす時ではなかろうか？　君の雑誌が関心を持ちそうなテーマだね」と、アンドノヴィチのような無能な人物が業界のレベルを下げることがないよう、ライスはロカールに提案する。ベルティヨン、ラカサーニュ、ロカールやライス、そして苦労しながら実直に仕事し、今の地位を築くのに貢献してきた人々の仕事の質を下げないために。「君の返事を心から楽しみに待ってるよ。君の友より」(24)

しかし、憂いに満ちた考察を続ける時間はなかった。数か月後の一九二九年八月八日にライスは死去し、〝犯罪学者ファミリー〟にぽっかり大きな空洞を残した。

「ロカール博士、ミスター・ホームズ」

一九三八年夏のローザンヌでの国際会議には、二十名を超える参加者がプログラムに申し込んだ。ロカールは運営に回ったが、国際犯罪学アカデミーを統括する傍ら、息子のジャックを議長に立候補させる好機だった。この時は、ライスの後継者マルク・ビショフがこの専門家集団の「議長に選ばれ、任期は四年だった」。

だが一九三八年の夏は、発表者の質は別にして、暗雲がたちこめた。世界情勢や政治情勢が悪化する一方で、世界平和を維持できるのか疑わしい状況になってきた。非情なスペイン内戦やヒトラーの第三帝国による包囲、領土権主張は否応なく他国を巻き込み、開戦へと向かっていた。ロカール個人としては、彼の名前に同業者からの賞賛と、彼自身の仕事の再評価をもたらす出来事があった。一九三八年七月から八月にかけて大量の祝い状を受け取り、交友の広さを知り、大きな満足感を得た。レジオンドヌール勲章のオフィシエを授与されたのである。科学捜査の仕事で裁判所の顔なじみとなり、大衆にもマスコミを通して「捜査」を知らしめ、啓蒙してきた。その一例が一九三七年に出版した『*La Criminalistique à l'usage des gens du monde et des auteurs de romans policiers*（世間で使われる犯罪学と推理作家が使う犯罪学）』（25）で、〈フランスのシャーロック・ホームズ〉の呼び名に似つかわしい仕事をなし遂げたのである。

その一方で、ロカールはそれまで挑んだことのない大著を書き終えようとしていた。この『犯罪捜査学論』は全七巻あり、第一巻は一九三一年、最終巻は一九四〇年に刊行された。序文でロカールはこのように述べている。「犯罪学とは、犯罪と犯罪者の研究である。犯罪人類学は、本質的には犯罪者についての自然史である。科学捜査は、生物学と物理学を警察の捜査に応用したものである」。そこに「捜査術とは科学ではなく技術である」という記述を加えて強調しているが、もちろん、この著書を通して彼が常に主張していることである。第一巻と第二巻では犯行現場に残された指紋や痕跡について、第三巻と第四巻では犯人を特定する証拠について、第五巻と第六巻では文書の筆跡鑑定、秘密書簡、文書偽造について、第七巻では犯罪捜査についてまとめられている。犯罪について分析した二十五ページにも及ぶ一覧表には、大きなものから小さなものまでロカールが解決した多数の事件と、海外の科捜研で扱った事件が載っている。また、ロカールはハンス・グロス、ライス、ビショフといった指導者や先人に敬意を表している。さらに、「愛情をこめて」科捜研で彼に協力してくれた補佐役で「忠実な助手たち」である「グランジュヴェルサン、シュヴァシュ、シャンボン、デュフォー、エミール・プー」にも謝意を示している。序文は「この本は、彼らのために書いたようなものだ。もし彼らが必要とすればだが」と締めくくられている。実際に、犯罪学のバイブルとなった大著であった。

ロカールはその才能を、別の分野でも遺憾なく発揮した。リヨンの記者たちは誰一人として――当時は大勢いたものだが――記事にロカールの署名が入っているのを見抜けなかった。地元リヨン以外の都市での協力を別にすれば。ある時は作家として、数々の歴史的事件を自身で捜査したつもりになって、嬉々として歴史小説の執筆に励んだ。一九三三年にルグドゥヌム社から出版された『アパッシュの事件集』は、歴史上の事件を踏まえて書いた作品としては初めての本となった。『*La Malle sanglante de Millery*（ミルリーの血まみれトランク事件）』では、十九世紀に起きた非道な事件を再び表舞台に引っ張り出した。パリの執行官グーフェが悪魔のような男女（ミシェル・エイローとガブリエル・ボンパール）に殺害され、一八八九年に世間を賑わせた。法医学者アレクサンドル・ラカサーニュが警察の捜査に協力し、リヨン近郊のミルリーで発見されたトランクの腐乱死体から被害者の身元を割り出した。この本で、ロカールは彼の進路を決定づけた恩師ラカサーニュに敬意を表している。

交友が広く、博識で雄弁かつ魅力的、講演の名手にして巧みな語り手であるロカールの描く主題は、いつも犯罪捜査の謎と歴史上の謎をふくらませたものである。

ある時は音楽家として――彼はピアノをたしなんでいた――また音楽学者として、長年「リヨン音楽レビュー」誌に協力してきた。一九〇六年十月二十八日の号では、バイロイト音楽祭に刺激を受け、「バイロイト音楽祭の一週間」という署名記事を書いている。エドモン・ロカール教授は一九二六年には、ドビュッシー、ラヴェルについて「音楽史　本学期最終講義」(26)を開講した。会場はコンフォール通り二十四番地の〈時の家〉で、設立者のグリニョン・ファントルニー夫人は一九一七〜一九六五年頃、リヨンの文化人の中心人物だった。

それ以外にも絵画愛好家、切手収集家でもあり、各種の文化的機構・協会にも参加し、六十代になってもロカールはまだすべての側面を見せてはいなかった。だがこの頃、第二次世界大戦が迫り、これまでにない、明日をも知れない時代に突入しようとしていた。

第六章　ドイツ占領下の科学捜査研究所

暗い時代の秘密ファイル

〝奇妙な戦争〟が科捜研に及ぼした影響

一九三九年九月三日は、フランスの歴史上もっとも悲しい日になった。ナチスドイツによるポーランド侵攻を受け、フランスはこの日ドイツに宣戦布告したのである。

開戦の数か月前から、リヨン科捜研は悲しみに包まれていた。一九三九年一月、科捜研を開設した当初からロカールの協力者だった元警官アルマン・シュヴァシュの訃報が知らされたのだ。実地で学びながら、その驚異的な視覚記憶力を活かして指紋鑑定や人体測定法、ポルトレ・パルレの第一人者となった。五年前に故郷であるジュラ県のクレルヴォー＝レ＝ラックという小さな村に引退し、そこで死去した。

様々な出来事が起きても、科捜研の日々は続いていた。犯罪は待ってくれないのだ。〝奇妙な戦争〟[訳注]の頃、つまり一九三九年九月から一九四〇年五月上旬にかけての敵国と一戦交えそうな時期、ロカールは複雑な、顕微鏡で調べる必要がある独自の事件を調べていた。〈兵隊さんのおふくろ〉と呼ばれていた軽食堂店主クロティルド・ビゾロンの殺害事件である。

訳注：開戦したものの翌年まで陸上では交戦せず、フランスでは〝奇妙な戦争〟と呼ばれた。

彼女がこのあだ名で呼ばれていたのは、第一次世界大戦中に、出征する兵士へ飲み物を振舞っていた献身的行為が理由だった。自身も一九一五年に、戦場で息子を亡くしていた。クロティルドの行為は、レジオンドヌール勲章に値するものだった。先の戦争から二十年あまりが過ぎた一九三九年、クロティルドは店を再開した。リヨン・ペラーシュ駅の北口に小さな店を出し、看板には「兵隊さんの無料食堂」と書いた。一九四〇年二月二十九日早朝、軽食堂の鎧戸《よろいど》は閉められたままだった。店内では、〈兵隊さんのおふくろ〉が死にかけていた。この殺人事件は、リヨン市民の間に激しい感情を引き起こした。だが捜査ははかどらず、やがて職務質問をされた男が犯人ではないかと思われた。

押し込み強盗とおぼしき男スタニスラス・ベンディッチは、片足だった。木製の義足の中から、泥棒に使う道具一式が発見された。偽造の身分証明書や鍵束からロカールは犯行を確信し、ビゾロン夫人の店のドアをこじ開けるのに使われたものだと断定した。男の自宅からは、血の跡と白髪数本が付着した金づちが見つかった。ロカールは、白髪は被害者のものだと断言した。ただ一つの重大な問題を除けば、これで事件は解決したかと思われた。ベンディッチはいかなる尋問にも答えなかった。というのも、看守の目を盗んで服毒自殺を図ったからである。事件の真相は依然として闇の中である。

戦時中は、ほかにも気がかりなことが起きた。リヨン科捜研の中は、虚構で満ちてきた。それは、自然とわきあがった不安が表面化したもので、この時期はスパイ容疑に関連した捜査が以前の十倍に増えた。何かにつけて「スパイではないか」と疑ったせいである。「秘密文書」の存在に関する調査結果は第十四司令部の第二局［フランスの情報機関］の責任者へ送られた。ホテル経営者夫妻と合致する人相書きも一緒に添えられた。ドイツ軍の攻撃開始から六日後の一九四〇年五月十六日に、この夫妻がイズロンのホテルにドイツ人を宿泊させていたためだが、このような調査も科捜研の仕事の一部となった。しかし、〝奇妙な戦争〟はフランスの政治にきわめて困惑する結果をもたらすのであった。

共和制からヴィシー政権へ

一九三九年八月二十三日に独ソ不可侵条約が調印された直後の九月以降、この条約を支持したために耐え難い状況に置かれたフランス共産党は、ダラディエ政権より活動禁止処分を受け、非合法化された。それに伴い、政治の世界では急激な変化が起こった。戦争への深入りに消極的な態度を見せ、非現実的な「宥和《ゆうわ》政策」をとったのである——ナチスドイツとの「和解」を伴っていないにもかかわらず。フランスはヒトラーとの戦いに臨んだものの、ナチスドイツと戦う態度を見せないスターリンに言いくるめられた。フランス共産党の裏切り訳注は大量のビラ配布に現れ、数多くのビラがロカールのもとに届けられた。国家警察や警察署から届けられたビラには、公のルートで集められたものや、警戒される（またはそのように思われる）組合活動から広く集められたものが含まれていた。「『労働者よ』の言葉で始まり『裏切り』で終わるビラと、クレマンという署名入りの手書き文書を比較するよう、依頼された。書類の出どころははっきりしていた」と、ロカールは証言している。断片の比較、タイプライターや地下印刷の紙きれの調査など、こういったものの出どころは、共産党の煽《あお》り文句が作成された機械だった。このような仕事は、ドイツ軍によるソ連侵攻後、共産党がレジスタンス運動に方向転換してからも続いた。だがその頃になると、依頼者は共和制下の警察や裁判所ではなかった。リヨン科捜研に調査を依頼してきたのは、別の政権下〔ヴィシー政権のこと〕の警察や裁判所だった。一九四二年十一月二十五日、「元共産党員の秘密指令に関する文書」（1）を調べるよう、依頼を受けた。

訳注：開戦当時は抵抗する代わりに、モスクワからの指示で工場でのサボタージュを働きかけた。

政治体制が変わると共に、弾圧のやり方やその対象も変わった。このような状況で、鑑定人ははたして時代の空気に冷淡でいられただろうか？　いずれにせよロカールとしては、いつでも一定の法則にのっとって仕事するしかなかった。それらの法則は、著書『*Manuel de technique policière*（捜査術の手引書）』に明記してある。「文書を調べるのを拒否することは、倫理的配慮に影響されずに専門的な調査を行わないのと同じことである。（中略）依頼された専門的調査の範疇から外れて、事件の方向性を導くことと混同してはならない。干渉してもいけないし、警察や予審判事の役割を演じようとしてもいけない」

厳密に決められたこれらの法則は、ロカール財団の一九四一〜一九四二年の資料にも見られる。また、ある闇市場の密売人についての調査をフランス当局から命じられたとき、この密売人は二度拘留されたが最終的に「強制収容所に入れられない状態である」とされた。さらに、シャロン＝シュル＝ソーヌの独軍司令部責任者に宛てたある匿名の手紙の差出人は、この暗い時代の数年間にわたって調べ続けられた。集められた文書の中には、対独協力者がばらまいたビラや、レジスタンスが発行した地下新聞も含まれていた。（2）

一九四二年の科捜研

この頃調査を依頼された多くの事件で、ロカールはシーソーゲームに身を任せているように感じた。厳冬の一九四二年二月、忠実な弟子ハリー・セーデルマン（スウェーデンは中立国だった）が、犯罪学の恩師に会いにスイスからやってくると、灯火管制で薄暗いリヨン・ペラーシュ駅で出迎えられた。

セーデルマンを出迎えたのはロカールの補佐役デュフォーで、「陽気さ」を装っていたものの、その実悲しげな様子だった。「科捜研スタッフの多くは一九三九年の開戦で動員されたが、今では全員が職場に復帰している。日々の生活での心配事は、なんといっても食糧事情が大きく、逮捕の大半は闇市場の事件に関連していた」（3）

デュフォーによれば、逮捕者をたどれば多くの「レストラン経営者とシェフ」につながっているという。翌日、マイナス二十度の寒さの中、セーデルマンは科捜研に行き、ロカールと再会す

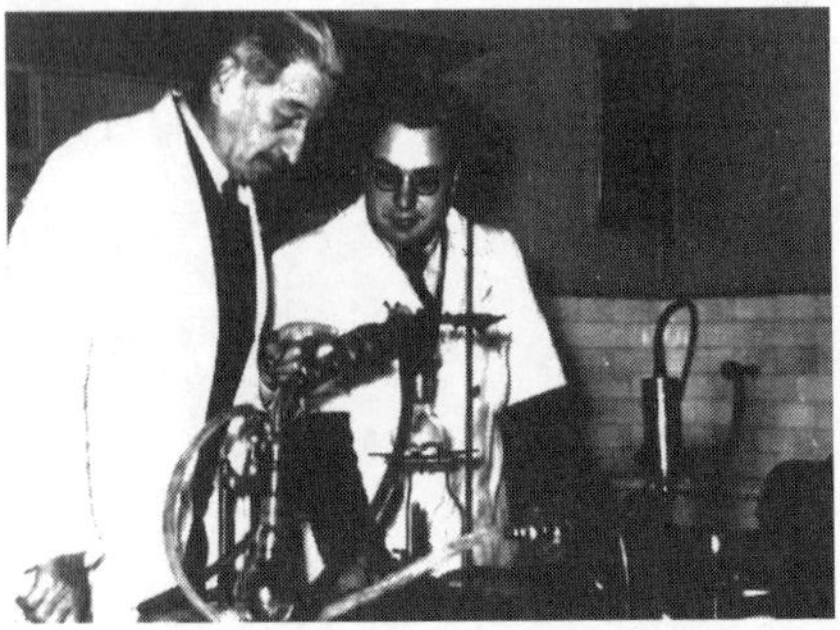

る。その姿は「心配していたほどやつれてはおらず、上機嫌だった」。ロカールはセーデルマンを「小さなレストランに連れて行き、鶏肉料理とワインを出させた」。セーデルマンは、ロカールが相変わらず陽気なままだと確認した。「フランスのたどった不幸な運命に苦しんでいたものの、仕事に情熱を持ち、リヨン警察と近い関係だったおかげで、どうやって在リヨン独軍事委員会の委員長が泥棒であると、フランス政府だけでなくドイツ軍からも金を脅し取ったと証明したかを私に語った。その人物はただちに更迭され、ロカールは歓喜したという」。フランス占領下のレジスタンス活動に関する、リヨン科捜研所長についての貴重な証言だ。リヨンは一九四二年十一月十一日まで、まだ自由地帯だった。

その翌日、セーデルマンは多くを教えてくれた恩師ロカールに別れを告げた。目に涙を浮かべながら、ロカールは弟子にして友人であるセーデルマンの方に身をかがめてこう言った。「我々フランス人は軽率なことをして、高い代償を払っている」。このような告白をするだけの価値があったのだろう、とセーデルマンは振り返る。「だが、そこがロカールという人物の偉大なところで、既に起きた事もこれから起こる事も、ありのままに受け入れるのだ」（4）

この分析は、ロカールという人物像の疑いようのない真実だろう。科捜研所長として仕事を続けるロカールは、中心人物であると同時に父親のような存在でもあった。一九四二年一〇月付の手紙には、頼まれて研究所の様子を書いているが、ロカールの作り上げた世界が我々にも正確に伝わってくる。

「研究所には十八の小部屋と大きなテラスがある。総面積は四三二平方メートル。とても手狭で、それはどんどん資料カードや凸版や証拠品倉庫が増大しているからである。場所もかなり不便で、夏は写真撮影のために暑くなり、冬は寒いうえに狭い。だが最近改良されて、正しく機能している」。おそらくロカールは、誰かに改装や移転の可能性について尋ねられただろう。「検事局や裁判所の隣に研究所を置くことは間違いない。移転をすれば高い費用がかかるし、ほかの階にまで拡張すれば、裁判所の（読み取れず）の使い走りが隣人になるし、あるいは今税務署が入っている場所を空けてもらうしかない」（5）

その数か月後の一九四三年五月の手紙では、ロカールははっきりと移転の可能性について言及している。「我々は仕事でへとへとだ。まるで休暇の計画を立てるように、（リヨン警察がある）ヴォーバン通りへの移転について考えている。（中略）新たな移転先に書類や化学実験の機材を運ばなくてはいけないが、まだ何も決まっていない。事態を複雑にしているのは、犯罪博物館だ。なんだかんだ言って、今いる場所の方がましなのだ」（6）

科捜研、国有化される

科捜研の立場が決定的に変わるということはなかったが、その代わり、一九四三年には根本的な変化が訪れた。十一月二十七日付の政令《デクレ》により、国有化が決まったのである。一九四一年よりヴィシー政権が行ってきた政治再編の一環で、次の四分野の「科学捜査部門」の機能について、これらの措置は最初の二条項にあらかじめ記載されている。

①　中央機関：国家警察。写真撮影を行う
②　地方機関：地方警察
③　地域機関：主要都市の警察
④　複数地域にまたがる機関：科学捜査研究所

これにより、リヨンの科学捜査研究所はリール、マルセイユ、トゥールーズと同格となり、その立地からリヨン周辺地域だけでなく、クレルモン＝フェランやディジョン周辺地域も担当することになった。また、「知事の管轄下に置かれ、所長が指揮を執る」ため、引き続きエドモン・ロカールが所長を務めた。

彼の任務は基本的に「所属の検察または地方警察の他部門に依頼されたあらゆる実験を行い、

物理学・化学・生物学分野での調査・分析を行う」ことだった。この法律の第七条項によると、科捜研とは、所長四名、副所長四名、助手を含む専門スタッフ、スタッフで構成され、それも「国務長官から内務省に通達された規則の予算内で」ある。最後の部分は定かでなく、あくまで規約上のものだと思われるが、所員については明記されている。「採用方法、職位、待遇について、政令《デクレ》で決められて」おり、「所長および副所長」は「国家警察の警部または検事クラスの人物」、そして、これはロカールには目新しいものではなかったが「または裁判所の書記官クラスの人物」とされている。

これらの改変はフランス警察再編の一部だったが、ロカールの感想は、「フランスには警察が多すぎる――警官が多すぎるとは言わない。競争相手となるような、専門知識のある警官の数は十分ではない。残念なことに、一つの事件を同時に、あるいは継続して扱う者が多すぎる。地元警察の警視に国家警察の署長、機動班の警視、憲兵隊の将校、治安判事と検事や予審判事という具合に。市長のことは忘れよう。もちろん実際には様々な要素が積み重なり、これらの権威者が押し合いへし合いして現場にやってくることはないが、一つの事件にあまりに多くの人間が関わるよりは、権限を持つ者も責任者も一人だけの方がずっとマシだ」。(7)

戦時中、ほかにもロカールと科捜研にとってさらに重要な出来事があった。一九四一年四月二十三日付の法律で、国立警察学校の創設が決定した。場所はリヨン近郊で、ヴァン海軍少佐の管轄下に置かれた。政府を牛耳っていたのがダルラン提督だったため、これは意外でも何でもなく、ヴィシーでの出世街道は「ＳＰＡ（提督保護協会）にあり」と陰口をたたかれた。国立警察学校はリヨン市が取得したサン＝シル＝オー＝モン＝ドールの土地に作られた。「この学校がヴィシー政権に貢献するとしたら、政権に忠実な警察を作ることだろう。第四共和政下でも存続する教育機関として。今日でも、サン＝シル＝オー＝モン＝ドールの学校では基礎教育と警視クラスの継続教育を行い、また、外国人研修生に対しても惜しみない教育を施し、安全分野での研究を行っている」（8）

ロカールと科捜研にとって重要という理由は、基本的には警察学校の目的が、ロカールがこれまで目指してきた目的と合致するからである。それは、これまで警官が学んでこなかったことを教育することである。警察学校の創設された年から一九四九年まで、ロカールは一学期あたり二十時間の講義を毎年三学期行った。

ロカール、レジスタンス勲章を受勲する

フランスがようやく占領から解放される一九四四年までの数年間、科捜研はどのような状態だったのか？　もっとも重大な時期は、ドイツによる第二次占領期の一九四二年十一月十一日から一九四四年八月までだろうか。弾圧の動きは科捜研の屋根裏部屋にまで届き、持ち込まれる書類も多岐にわたった。一九四三年十二月二十三日以降持ち込まれた仕事には、偽造配給券やパンの配給券、偽造切手、借用証書の鑑定があり、さらには毒入り食糧の分析依頼もあった。

十二月二十四日には、コーエンディ予審判事から「モンジョワのド・フェイエ氏の死体から発見された三発の銃弾」および「犯行現場に落ちていた薬莢」の分析依頼が持ち込まれた。もちろん、故人の急死理由について説明をするのは科捜研の管轄外だったが、被害者はリヨン駐在のゲシュタポが組織するMNAT（反テロ部隊）に殺害されたことは明白だった。「在仏ドイツ人が殺されると、リーダー的なテロリストが処刑される」。おそらくは報復措置として――。(9)

科捜研は依頼内容のうち、「弾丸は七・六五ミリ、フラ

ンス弾薬協会（ＳＦＭ）から出ている」、「薬莢は、レミントン社製十一・五ミリ口径のオートマチック銃から発射されたもの」という最小限の説明をした。

レジスタンス行為の一部も、この記録に書かれている。リヨンで大騒ぎになったのは、一九四三年十二月三十一日の出来事だ。この日、レジスタンスの一派があちこちの売店で、日刊紙「ル・ヌヴェリスト」を偽物とすり替えたのである。対独協力者が入手すると、一目見るなり仰天した。明らかに、仏独の検閲で表現が抑制されたいつもの文面と違っていたのだ。この作戦の成功に、ローヌ県もドイツ軍も激しいいらだちを覚えた。

ロカールの科捜研では、「ル・ヌヴェリスト」、「リヨン・レピュブリカン」、「ル・サリュー・ピュブリック」その他リヨンで発行される日刊紙のライノタイプ植字機を調べるよう、依頼を受けた。一九四四年一月十日、ロカールはこう結論づけた。「地下新聞は、これらの植字機で印刷されてはいない」。この結論がいずれにせよ、重大な結果をもたらすことは明白だった。このような結論の発表は、地下新聞の出どころを知っていたうえでのことだったのだろうか？多少なりとも偏った、あるいは断片的な見方ではあるが、軽犯罪ではなくレジスタンス行為であると見なされた状況で、責任者が激しい制裁に遭う危険があると知りながら――。

確かな材料もないのにこの問いに答えるのは難しいし、不可能だ。一九四四年一月に、新聞差し替え事件は「テロリスト」行為として当局に伝えられた。コーエンディ予審判事は同月二十二日、リヨン科捜研に、フォール＝パンゲリ評議員の処刑で使用された「鉛の棍棒に付着していた毛髪」を調べるよう依頼した。

フォール＝パンゲリ評議員は控訴院特別部のメンバーで、レジスタンス活動家を有罪にしたこともあった。中でもＦＴＰ・ＭＯＩ［フランスのレジスタンス活動グループ］のシモン・フライドという青年は、一九四三年十一月十二日にサン＝ポール刑務所でギロチン刑となった。その翌週、彼の同士らがフォール＝パンゲリ評議員の自宅にやってきて襲撃した。犯行現場では、凶器の棍棒以外にも被害者の頭部から毛髪が採取された。これらの毛髪が被害者のものか、あるいは評議員を殺害した人物のものかを調べる必要があった。報告書「No・６５１７」には、「凶器に付着の毛髪は被害者のものである」という、簡潔でとるにたらない報告のみ書かれている。

別のケースでは、嫌疑をかけられたのは対独協力者だった。ある時、匿名の密告状を調べるよう、依頼を受けた。一九四四年三月三日付の科捜研の記録では、報告書「No・６６７５」に「（ムーランにある独軍司令部宛の）はがき五枚と手紙二通を調べなくてはならない」とある。一九四四年四月三日付の報告書「No・６７２７」には、「ラントノワ夫妻宅で押収された」別の文書を調べ、独軍司令部宛の匿名の密告状と同じ筆跡かを比較したとある。同年六月には、科捜研では「小学校長Ｍ氏の教室前に置かれた小さな棺桶」を調べている。これと同じような大量の手紙が、この暗い時代にやり取りされたのである。（10）

これらの手紙と科捜研で行った調査内容について、ロカールは特に口が固く、職務に劣らず彼の愛国心も疑う余地がない。

占領下のエピソードについては、回想録でロカールはこう語っている。「一九四二年にドイツ軍がリヨンに駐留すると、私の家を訪れ……暗号解読部門に加わるよう要請された」。第一次世界大戦中に、ロカールがフランス陸軍の暗号解読部門で活躍したことは、ドイツ軍の記憶に深く刻まれていたのだろう。ロカールは要請を断るための口上として、「暗号解読で評判となった」のは同姓同名の別人であると説明し、ドイツ軍を納得させた。彼自身は「もっぱら化学分析と筆跡鑑定、毒殺事件と匿名の手紙ばかり扱っている」と言って。(11)

レジスタンス網に関する些末で不確実なコメントを除くと、終戦間際のレジスタンスについて、ロカールはこのようなエピソードを語っている。「パラシュートでこの地域に降下した英国人諜報員のために、隠れ家を探していた」が、彼らの行動ときたら「冷や汗もので」「ボジョレーにうるさかった」という。特に厄介だったのは自称「英国諜報部の幹部」という人物だった。やがてフランス解放軍がリヨンに到着し、リヨン解放の翌日には、この男がボジョレーで祝杯を上げていたという。ロカールは一連の出来事を回想録で語っている。(12)

クラウス・バルビエはロカールを訪ねたか？

しかし、終戦の数年後、ロカールは一九五〇年九月七日付の「ポワン・ド・ヴュー・イマージュ・デュ・モンド」誌のインタビューで、驚きの告白をする。それは「ゲシュタポに協力する羽目になったことがある。まったくね」と、記者のロベール・コルヴォルに話している。コルヴォルは後に『*Mémoires d'un criminologiste*（ある犯罪学者の回想録）』の出版に協力する人物である。ロカールは語る。「ある日、私のもとをクラウス・バルビエ［バルビーとも。「リヨンの虐殺者」と呼ばれた］が訪ねてきた。リヨン駐在のゲシュタポで、おぞましい拷問を行った人物だが、私生活ではほほえましい人物だった。余談だが、そこの引き出しに害のない表紙で隠された書類が入っていることを、疑いもしなかった。バルビエは正体不明の泥棒を見つけるよう、依頼しに来た。犯人はゲシュタポの一員で、駐仏ドイツ警察の金を横取りしただけでなく（不敬罪だ！）、バルビエの財布に隠した現金をすべて盗んだという。ゲシュタポが別のゲシュタポを銃殺するんだ、私がどれだけ嬉しくて小躍りしたか、君にわかるかい？　こんなふうに指紋を採取する機会はめったにない。バルビエを騙していた犯人は、バルビエの個人秘書だった。結果が出るや否や、上司は犯人の証拠を持って研究所を飛び出すと、ゲシュタポの拠点へ急いで向かい、すぐさま秘書を銃殺した」

ロカールは話を続ける。「その後は、私はあまり幸福じゃなかったね。バルビエにドイツ人の泥棒どものリストを渡したら、中には高い地位に就いている者がいたので、別のドイツ人警官の怒りをかった。そして私はモンリュック刑務所［ユダヤ人やレジスタンス活動家が収監された］に十四か月拘留された。非常に有意義だったよ。なにしろフランス解放の際に、ゲシュタポのやり方にのっとり、情報提供できたからね。気に食わない奴を大勢、牢屋へぶちこむことができたよ」

モンリュック刑務所の記録には、ロカールの拘留は記されていない。また、リヨン駐在ゲシュタポの恐るべき第四部隊の全権者だったクラウス・バルビエがリヨン科捜研を訪れたとしたら、驚きを禁じ得ない。いくらロカールが〈フランスのシャーロック・ホームズ〉と呼ばれるほどの人物だったとしても。

このインタビューが行われたのは一九五〇年代だったことを指摘しておこう。一九五〇年代には、ルネ・アルディの二度目の裁判との関連で、バルビエの名前は話題の中心になっていたのだ。アルディはレジスタンス活動家だが、一九四三年六月にジャン・ムーラン［レジスタンス活動の中心人物］が逮捕されたカリュイールの会合の情報をドイツ側に「もらした」容疑で訴追されていた。アルディは最終的には無罪となった。一方、裁判には出廷しなかったがその不在が際立っていたクラウス・バルビエはドイツにおり、米国の保護下に置かれていた［米C

IAがバルビエを利用しようとしていた」。これまた巧みな語り手で作家でもあるロカールのことなので、歴史の正確さについて、一部の点で重要視していないようだ。だがどうやらこの逸話は、一九四二年に再会した際ハリー・セーデルマンに語った内容と似ているようだ。ロカールを訪ねてきたのは前述のバルビエではなく、「リヨン駐在ドイツ軍の委員長」ではあるが。

コラム：三つの勲章

一九四六年四月、ロカールはレジスタンス勲章を受勲した。「占領地帯における情報員。一九四一年一月二十七日、情報局に参事として加入。人脈を活かして重要度の高い情報を確認したが、特に駐仏占領軍の解体に関する情報を確認した。科学捜査研究所所長としての幅広い経験から、情報局のメンバー全員に書類の有効な偽造方法をアドバイスしたこと。レジスタンス網のメンバーが入手した敵軍の文書が本物であるか確認したこと。一九四一年、リーダーがある工場とコンタクトを取るのに手を貸し、TSF送信機を提供したこと。ゲシュタポに監視されながらも、二度の家宅捜査にもかかわらず、果敢に任務を継続したこと」。

レジスタンス勲章以外にも、チェコスロバキア軍から功労勲章を、さらに一九五〇年にはレジオンドヌール勲章コマンドゥールを受勲している。

ロカールと歴史上の事件

この困難な時代、エドモン・ロカールは気晴らし（こう言って良ければ）として、別の興味深い仕事に着手した。歴史上の人物を捜査することは、現代の事件と同等に彼を熱中させ、新聞でもロカールの歴史的捜査は取り上げられた。

一九三八年、ロカールはパリの日刊紙に〈ラファルジュ事件〉の女毒殺魔の記事を掲載した。ラファルジュ夫人は、一八四〇年に夫をヒ素で殺害した容疑で有罪となった。ロカールはおそらく、この時点で女性というものに強い親密さで惹きつけられているのだろう。「殺人に毒物を使うのは女性で、犯罪史を振り返れば大昔から多発しており、この説を裏付ける」。また、女性の犯罪者はめったに自白しないが、男性の場合は自白し、「不合理な点を指摘すると怒り狂って」抵抗し「どんな議論であれ、全体が虚偽となってしまう」という（一九三八年五月十日付「ル・プチ・ジュルナル」紙）。今の時代とあまり変わらないではないか?

時代をさかのぼれば、謎めいた事件はいくらでも見つかり、ロカールの好奇心もそれだけ満たされるというものだ。

一九四三年一月二十三日付の「ラレルト」誌に、ルネ・ブレストが謎多き「鉄仮面」についての考察を掲載した。一方、ロカールは友人への手紙で「ルイ十四世の双子説について、とりたてて意見はない」と書いている。歴史というものは相当複雑なうえに、犯罪事件ということで、同じ手紙の中で別の大事件についてふれている。「ルイ十七世についてならば、同じ毛髪だという髪の束を二つ送ってもらったことがあるよ。その二つは完全に一致していた。だが髪の出どころについて、私には保証しかねる。私の観点はあくまで技術的な部分に限られるし、全体的には謎が残る」（13）

ルイ十七世の事件についてほかにも多くの謎が残されている。

ロカールは、続けて〈フュアルデス事件〉に挑んでいる。発生から「一二五年ほど過ぎた」事件である。これは一八一七年に起きた行政官殺人事件で、銀行家、仲買人、元陸軍輸送部隊員に容疑がかけられたが、「恐ろしい司法上の誤りから」三人全員が処刑された。「ロカール博士は科学的に証明する」と、ある記事に書かれている。死刑にされた三人の子孫はロカールに連絡を取り、「ギロチンで処刑された先祖の名誉回復を依頼した」という。（14）

文学者ロカール

調査中の犯罪事件に対して、ロカールは慎重な態度を崩さない。こういった慎重さは本の執筆にも適している。我らがシャーロック・ホームズは、参加した文学者サークルで交友を深めた。「大勢の推理作家が科捜研を訪れ、小説の題材を仕入れていった」とロカールは語るが、開戦を機にこのサークルが折り返し地点を迎えた一九四〇年には、ドイツに占領されたパリから大勢の記者や作家がまだ自由地帯だったリヨンを訪れ、ロカールは「アカデミー・ゴンクール［ゴンクール賞を授与する文学団体］の会員二人」を大歓迎した。まず、作家アンドレ・ビリーは科捜研の事件からヒントを得て『*L'Herbe à pauvre homme*』を発表した。これは詐欺師だった九十二歳の老人が愛人に毒殺された話で、「ハーブティーに少量のケシを毎回混ぜていた」という。「光栄にも私が助手を務めた別のゴンクール賞作家は脚本家のアレクサンドル・アルヌーで、対等な友人というより生徒のような立場で彼と親しくなった。リヨンへの亡命中、ほぼ毎日会いに来てくれて、私の秘書がゲーテの『ファウスト』の素晴らしい脚本をタイプした」。(15)

文芸批評と推理小説をリヨンの複数の新聞に発表していたことから、ロカールはマスク社のようなミステリ系出版社の編集者と知り合うようになった。

リヨンの友人たち、作家やジョアネス・デヴィーニュのような編集者たちに囲まれ、ロカールは色々な文学者と楽しく同席する機会に恵まれた。一九三四年に料理研究家キュルノンスキーに「美食の都」と呼ばれたリヨンで提供できる最高の食卓を囲んできた。戦時中の食糧が乏しかった時代を除いてだが。アンリ・クロ＝ジューヴ、ピエール・シーズ、マルセル・E・グランシェルらもそこに加わった。ロカールは色々な文学賞選考会に参加した。

リヨンの親しい仲間たちとの交流で、ロカールはある協会の会長を務めた。第一次世界大戦中に任務で知り合ったジュスタン・ゴダールが一九一三年に設立した団体である。一九四一年四月二十二日、ゴダールの後任として、満場一致で「ギニョール愛好会」の会長に選出された。この団体は、人形劇ギニョールの伝統、リヨンの方言とエスプリ、ギニョールの物語を維持し、上演を推進するためのものである。

会員たちはロカールと旧知の中だった。「月例会でロカールが話した時は、誰もが講演会のように聞き入った。幅広い話題で、いつもユーモアにあふれていた。『ギニョールの指紋だ！』ってね。科学捜査研究所の所長にとってはなじみの言葉だ。一九六三年まで二十二年間会長を務め、リヨン界隈では存在感を発揮し、リヨンの友でありギニョールの友となった」(16)

暗い時代だったが、ロカールはその卓越した変わらぬ情熱で、決して諦めたりせず、若い才能を励まし続けた。当時、彼が若い友人たちをどれだけ手助けしたのか、見てみようではないか。

作家フレデリック・ダールとの交流

「ル・モワ・ア・リヨン」誌の一九四〇年六月号にロカールが刺青に関する記事を発表した際、ロカールの署名の横に、編集長フレデリック・ダールの名前が併記されていた。彼こそがこの雑誌の目玉だった。リヨンの作家マルセル・E・グランシェルは「ル・モワ・ア・リヨン」の経営者で、リヨンに根差した出版社としてルグドゥヌム社を設立した。リヨンの文学サークルの参加者には、作家マックス＝アンドレ・ダゼルグがおり、ダールは彼の後ろ盾を得て最初の本『*La Peuchère*』を一九四〇年に出版した。

「ルグドゥヌム文学賞」が創設され、ダールの初の本格長篇は注目を集めた。フレデリック・ダールはこう語る。「審査員の顔ぶれは……ロカール博士、タンクレード・ド・ヴィザン、ジョゼフ・ジョリノン、アンリ・ダンジュー（「パリ・ソワール」紙）、ロベール・デステル、そしてギイ・マズリーヌ（「ル・ジュルナル」紙）。その頃、私は『*Monsieur Joos*』というムード小説を書き上げたばかりだった。グランシェルに見せると、まあ読めると判断され、『賞に応募したまえ』と言われた」

フレデリック・ダールは説き伏せられたのか、あるいは迷信にこだわらなかったのか、応募は「十三番」として受理された。運命の日、審査員が集まるジャコバン広場のカフェに到着すると、幸運を知らされる。一九四一年のルグドゥヌム文学賞は、彼が受賞したのである。「新聞に掲載された写真をまじまじと見つめていると」フレデリック・ダールこと、後のサン＝アントニオは語る。「子供っぽいうぶな丸顔で、不愉快ではないが、自分の身に起きたことにびっくり仰天しているといった表情だ。これは本当に僕なのか？　今になって疑っていた」。たとえ「占領中の日々がじわじわと僕らのような若者世代の輝かしい未来を損なっていても、上の世代と違う年のとり方をしても」フレデリック・ダールは、名声へと続く道の最初の急カーブを曲がっていた。エドモン・ロカールはほど良い距離でダールを手助けしていた。ダールがリヨンでの青年時代を回想した著書『*Le Cirque Grancher*』に、ロカールのことが二ページにわたって登場する。

二人は手紙のやり取りを続けていたが、文面からは彼らが絆を築いていたことがうかがえる。「一九四一年八月十二日付のフレデリック・ダールからエドモン・ロカール宛の手紙で、ダールは最新作の批評と、どこの出版社（ダール自身はＮＲＦ社を考えていた）に持ち込んだら良いのか助言を求めている。文末は『厚かましいお願いですが、どうかよろしくお願いします』で終わっている。同じく二十二日付の手紙では『我が師よ。お心遣い、心から感謝します。今夜から一週間ほど休暇に出発して、原稿を手直しします。帰ったらＮＲＦ社に原稿を送るつもりです。同社への推薦状はありがたく使わせていただきます。後で自宅まで送っていただけますか？　改めて感謝のしるしを』。その三日後、ロカールはＮＲＦ社の編集長宛の推薦状をしたためた。『フレデリック・ダール氏はリヨン在住の若手作家で、ルグドゥヌム文学賞を受賞しています。彼の作品は、大変興味深いものです』（17）

ロカールは繰り返し、若き（ダールは一九二一年生まれ）作家の才能と彼を支援する喜びについて、はっきりと語っている。一九四二年四月二日付の手紙では、「『*Equipe de l'ombre*』（18）を再読したが、微力ながら、大手出版社からのデビューを手伝えたことを、このうえなく幸福に思う。これから君は華々しいキャリアを歩むだろう」

コラム：ダールから見たロカール

「『完璧だ』と呼びたくなる人がいる」と、ダールは書いている。「どんな人かというと、素晴らしい知性に恵まれ、豊富な知識を持っていて、色々な分野で熱心に才能を発揮する人だ。エドモン・ロカールはまさにそんな人物だ。この謎めいた抜け目ない銃士のような人物と会うたびに、自分はまったく無知なんだという、ある種の恐怖にとらわれる。相手の鋭い機智のせいなのか、彼の瞳を見れば化学反応のような理解力で、こちらが何を考えているのかお見通しだ。彼の持つ知識というより知識の集合のなせるわざだ」（19）

その翌年の一九四三年十月には、ロカールはダールの「『*Le Norvegien manchot*』(20)へ称賛を送り」、特に船乗り特有の言葉を褒め称えた。「ボキャブラリーの豊富さに感嘆したし、博識ぶりに驚いたよ。それに、豊かな想像力と機智に富んでいる」。戦後の一九四六年には、フレデリック・ダールはロカールにリヨンの刑務所を訪問したいと相談している。考証のために必要だという。それに対しロカールは「刑務所の件だが、開廷中は何もできることはない。だが、犯罪者に会いたいなら、科捜研に朝九時に来るといい。留置所から犯罪者が連れて来られて、記録カードを作成する。君は研修生に扮して、指紋を採取したり、身長を測ったりすることもできる」(21)と回答している。

これより後に、フレデリック・ダールはロカールをどのように思っていたか発言している。特に一九五〇年代以降だが、ロカールという輝きを放つ人物像を正確に覚えている。「彼は何でも知っていて、あらゆる話題について確信をもって話していた。それが忘れられない。完璧な人間がどういうものか知っているかい？　知らない？　だったらロカール博士に会いに行きたまえ。完璧な人間とはどういう人物か、彼が教えてくれるだろう」(22)

フレデリック・ダールがロカールに宛てた一九六一年二月二十六日付の長い手紙がある。「今一度あなたのご厚情にすがるのを、恥ずかしく思います」。というのも、ダールは映画「La Menace」を撮ったばかりで「ダールの小説『*Les Mariolles*』を映画化」、「アルフレッド・ヒッチコックの発案で生まれた新しい映画賞の審査員を探しています」。審査員には推理作家のボワローおよびナルスジャック、映画監督アンドレ・カイヤットの参加が決まっており、ダールはさらにエドモン・ロカールを推薦しようと考えていた。「無茶だとお考えなら、そうおっしゃってください。推薦しようと思ったのは、ひとえに博士のお名前の偉大さと長年の尊敬の念からです。だいぶ色褪せましたが、ルグドゥヌム文学賞の栄誉は忘れていません――博士に称賛され、僕もまだ髪が豊かだったあの頃を。どうか僕からの敬意をお受け取りください。ビシャンビス嬢（ロカールの秘書）にもよろしくお伝えください。敬具」（23）

知り合ってから二十年以上が過ぎても、フレデリック・ダールはエドモン・ロカールに何かしら頼み事をしていたのだ。

一九四〇年代は重苦しい時代だったが、二人は確固とした友情を築いた。終戦を迎えると、人々は「普通の暮らし」を取り戻そうとした。ロカールの経歴は、「無傷」だったように思われる。その経歴にちなんで犯罪者カードを作成し（「一度だけなら癖にはなるまい」という慣用句のように）、一九四三年、ある新聞に次のようなロカールの人相書きを掲載した。

「エドモン・ロカール六十六歳、医学博士、リヨン裁判所付属の科学捜査研究所所長。職業は科学捜査官、犯罪学の専門家。もう一つの職業は記者。時々、作家。ひとかどの音楽愛好家、熱烈な切手収集家にして本の収集家、博識な講演者、美食家、機智の人。モットー：作曲家ジュール・マスネの『正義のために罪を犯し、崇高な理由から自白する』」(24)

一九四五年：戦後の困難な日々

終戦間近の一九四五年四月、ロカールはリヨン警察の要求に応じて、科捜研スタッフのリストを作成した。ロカールのそばに相変わらずいるのが元警部マリウス・デュフォーで、その息子で元警部補ジャックもいる。ほかにはやはり元警部のフェルナン・ローレとジャン・ジャンドル＝オベール、五名の助手ローラン・パルヴェックス、マルセル・ブレ、モーリス・ソルニエ、ルネ・ディディエール、フランソワ・アラルースがいる。(25)

ロカールの忠実な部下の一人がここにはいなかった。元警官のエミール・プーは一九二五年に科捜研に加わり、一九四四年に八十歳で引退した。ロカールが彼について語るなら、こう言っただろう。「私が犯罪博物館の構成を任せたのはエミール・プーだった」と。「初期の身元確認の分野で、彼は一番の専門家だった」。鑑識の仕事では、ドイツ軍の強制収容所の死体置き場で、プーは死体の身元確認の工程で精巧な仕事を行った。引退から四か月後に、彼は「重病で」亡くなった。

一九四五年夏、エドモン・ロカールの別の手紙から、科捜研の置かれた状況が望ましい方向に行かなかったことがうかがえる。パリ、ソセー通りにある本部の写真・鑑識課責任者に宛てた手紙で「科捜研の権利を確定する政令《デクレ》は、未だにリヨンには適用されない」と不満を述べている。この手続きの遅れがリヨン科捜研の機能に大きく響いていた。専門スタッフを採用できないからである。「化学試験や筆記試験を受けさせろという我々の要求はその後も握りつぶされ、リヨンでは、私の息子ジャックは例外として、科学的教育を受けた警部は採用できていない。どうか貴殿の高い影響力を駆使して、必要な措置をとっていただきたい」。(26) 休暇中に相手を煩わせることを詫びながら、ロカールはパリの同業者に書いている。

ロカールの文面こそ礼儀正しいが、終戦直後の弱体化したフランスが財政面で再活性化が困難な状態でありながら、科捜研に関しては例外的に、戦前よりも高いレベルを要求している。

第七章　さらば、シャーロック・ホームズ

自分の作り上げた場所が消えようとしているのは恐ろしい

第二の青春

戦後の困難な日々は、リヨン科学捜査研究所とその所長に何ら影響していないようだった。相変わらず多くの来客があり、記者たちが訪ねてきた――。

一九四六年八月号のゴシップ誌「キ」に、すっかり犯罪の世界に定着した「ロカール博士の独占インタビュー」が掲載された。「薄暗いリヨンの街の、薄暗い通りの屋根裏部屋。汚れた壁と崩れそうな仕切り壁に囲まれ、建物の奥に隠れた扉の向こうに、世界でいちばん驚異的な、そして世界でいちばん危険な博物館がある」

エドモン・ロカール博士は相変わらず科捜研の所長で、以前と同じようにお喋りし、よく焦点を絞られた犯罪学の講義を行い、雑誌の読者に向けて、以前話した内容と間違えそうなよく似た話をした。こんなロカールを他誌も放っておかず、「ルガール」誌では三年後に「ロカール個人にとっての敵」というテーマでロカールに取材すると、「怪盗ファントマ」の名を挙げた。その理由は「活動的すぎる」からで、ロカール自身にもまったく当てはまるという。「このインタビューが行われた日、ロカール博士は大学の文学部で行う講義の準備をしていた。毒殺についての報告書を手直しする。午後には洞窟探検の講演を聞きに行き、犯罪学の講義を行い、主催する絵画展のオープニングセレモニーに出席、夜には作曲家エクトール・ベルリオーズについての談話をする。その合間に娯楽（？）として、色々なテーマの記事を執筆する。ロカール博士は微笑みながらこう言った。『手はずを整えれば、全部こなせるよ』と」（1）

同じく一九四九年、ドイツ人がサン＝ジャン通り三十五番地に戻ってきた。といっても「クリミナリスティーク」誌の取材のためで、三ページにわたって文章とエドモン・ロカールと息子のジャック・ロカール、当時の忠実な科捜研スタッフ、ジャン・ガイエの写真が掲載された。

仕事では、チーム全員うまく行っているように思われたが、ロカールはチームについてこう述べている。「戦前と比べて、科捜研の仕事は難易度が上がった」（2）

このような問題はあったが、一九四八年に『捜査術の手引書』第四版を出版する妨げとはならなかった。調書、指紋、筆跡鑑定、秘密文書、偽造通貨、凶器・爆発物、薬物、再犯者の特定など、十章にわたって科捜研の主要な専門分野を取り上げている。

国際的機構である国際刑事警察委員会（ＣＩＰＣ、英語ではＩＣＰＣ）、つまり後年のインターポールがロカールに強い関心を示した。この組織はかつて、司法警察会議を経て一九二三年に創設され、ウィーンに本部が置かれていたが、第二次世界大戦中はナチスに支配され、混乱の末、終戦後の一九四六年にようやく再開された。ＣＩＰＣは一九四九年十二月、事務局長ルイ・

デュクルーの手紙でリヨンの犯罪学者に協力を打診した。フランス政府は全面的に、ロカールをＣＩＰＣの技術顧問として任命することを認可した。マスコミはこのニュースを報道し、噂も流れた。当時はＣＩＰＣの事務局がパリのソセー通り十一番地に置かれており、ロカールはリヨンを離れることになるためだ。だが、最終的にパリはロカール博士をリヨンから連れて行かないと、関係者が断言した。当人は「この年齢になると、心身共に引っ越しなんかするもんじゃない」（３）と言っていたという。

束の間の後継者

七十代になったロカールは、順調なサポートを受けながらではあるが、第二の青春を謳歌していた。普通の七十代なら、引退の日まで指折り数えるところだ。一九五〇年九月、パリで犯罪学会議が開催され、レジオンドヌール勲章コマンドゥールがロカール博士に授与されると機関紙が報じた。受章理由は「犯罪と闘うため、科学に貢献してきた長年の功績に対して」である。その一方で、一九五〇年十一月三日、リヨン警視総監ピエール・ベルトーの訪問後、ロカールは長い手紙をしたためた。科捜研の役割と業務について、かなり詳しく説明している。「特に、裁判での専門家の鑑定による証拠の取り扱い」について、「捜査中に至急（多くの場合、大至急）警視や警部に通知する」および「最初に発見された証拠は徹底的に捜査する」の二例を述べている。ロカールは続けて、現在科捜研で行われている犯罪学カリキュラムを列挙し、「検死、負傷の調査、精神鑑定についてはカリキュラムから除外する」としている。続く長文は、個人的関心ではなく仕事について弁護するための弁論のようである。それというのもリヨン科捜研は犯罪学の実践の場となっており、大学では学べない内容も教えられていたのだ。その証拠に「リヨン科捜研で学んだ教え子たちは、ヨーロッパ、アメリカ、アジア、アフリカの科学捜査機関で要職に就いています」。

手紙の最後では、「後継者としてジャック・ロカールの推薦」について警視総監に許可を求めている。「彼は若い頃から犯罪学者を志し、教育も受けており、犯罪学を網羅する全カリキュラムを終了しています」（4）

エドモン・ロカールの引退の日が刻々と迫っていた。公式発表にも役所の決定事項にも、引退の文字は淡々と登場し、一九五一年一月二日付の内務大臣からの通達により、リヨン科学捜査研究所の所長は退任し、二月一日付で名誉所長となった。裁判所名の前に「鑑定家」の肩書が付いても一切の厚遇を受けず、引退のことにもふれない。リヨン科捜研の運営は、半ば私的な性質を帯びていた。予算を確保するのが難しく、また行政からの予算が限られた状況で、ロカールの人脈や様々な制度のおかげで財源を獲得し、さらに個人的な支出、とりわけ彼個人と一族の資産からも出資されていた。ロカールにとって科捜研は家族同然で、息子ジャックを後継者にしようと考えたのは無理からぬことだった。

しかし、後継者問題はロカールの思うようには進まず、リヨン市長エドゥアール・エリオの支持を求めるため、一九五〇年十二月四日付の手紙でこのように記した。「私は常日頃より、息子が後継者となることを考えておりました。息子のこれまでの人生は、そのように方向づけられていたのです。息子はリヨン工業化学高等専門学校［グランゼコール］で学んだ理学博士です。科捜研には十四年在籍し、ここ七年ほどは副所長を務めております。七人の子を持つ父親でもあります（と、それとなくロカールは書いている）。私が貴殿の支持をお願いするのは息子のためではなく、私の仕事のためなのです」

パリの国家警察としては、ロカールの後任に「法医学教授またはその有資格者」を任命したいという意向だが、それは間違っているとロカールは書いている。「科捜研で行っているのは犯罪学」であり、ロカールの目には息子ジャックは「十分、犯罪学の専門家です」。また、「自分の作り上げた場所が消えようとしているのは恐ろしいことです……（中略）リヨン市長である貴殿には、こういった状況をお知らせしておきたいのです」。（5）

リヨン警視総監ベルトーによって、宙ぶらりんな状態が続いた。一九五一年一月十一日付の手紙では、科捜研についての説明に礼を述べ、息子ジャックを後継者にするという希望に理解を示し、将来のリヨン科捜研所長としての適性を確認させてもらうと返答した。ただし、ジャックを所長とするのは「司法大臣と内務大臣が代表を務める委員会での提案」次第だという。少なくとも、ベルトーはロカールに「一両日中に」息子を推薦すると約束している。(6)お役所仕事が迅速に行われたためしはない。四十年ほど前、ロカールが科学捜査研究所を考案した際も同じだったのだから。その当時よりもお役所が厳格でゆっくりだったこと以上に、これがエドモン・ロカールの息子である化学者ジャック・ロカールの運命だった。

ジャック・ロカールは、最初に無給スタッフとして科捜研で働き始め、一九三四年にリヨン工業化学高等専門学校を卒業すると、一九三六年に論文「犯罪学的な筆跡の分析」を発表した。ただし、彼の専門は血液や、硫酸や爆発で損傷した遺体の分析で、戦前の一九三九年から「国際犯罪学論」誌にいくつも記事が掲載されている。この頃、満を持して科捜研に入ると、化学と毒物学の専門家として父を補佐した。ジャックの息子アンリはこう語る。「化学は祖父にとって苦手な分野だったのでしょう」。おそらく、ロカールはジャックを後継者にしようと考えただけでなく、発展の著しい科学の世界で、将来、科捜研の仕事で重要となる、自身の学んでいない技術を学ばせようとしたのだろう。

ジャック・ロカールには父親との共通点が数多くある。息子のアンリによれば、ジャックは「仕事に情熱を持っていました。あらゆる科学の分野を学び、手がけた事件は多岐にわたり、捜査に熱中していました。（中略）熱心な仕事ぶりで、一週間のうち六日は研究所へ通い、日曜日の朝には実験の途中経過を見に行きました。私はまだ子供でしたが、弟のピエールと一緒によく連れて行ってもらったものです。裁判所の長い木の階段、狭くてみすぼらしい階段を最上階まで登ると、蒸留器や不思議な実験器具の並ぶ部屋に着きました」。

父親のエドモンと同様に、ジャックの収入源は不安定だった。「何度か誇らしげに母の前で封筒を開けて見せたことがあり、中には札束が詰まっていました。それは鑑定の仕事で得た名誉の成果でした」

ジャックは父の著書である『犯罪捜査学論』の新版に取りかかった。父と同じく、サン＝シル＝オー＝モン＝ドールの警察学校で授業を行う際の教材にするためだった。一九五一年、リヨンのデヴィーニュ社から『*Cours de police scientifique*（科学捜査講義録）』第二版を刊行する。その知見の広さから、父親との類似性が証明された。父親と同じく、ジャックは秋の絵画展を主宰し、多くの芸術家が集まったが、「記者やリヨンの名士のいるギャラリー」で開会の挨拶をした。父の跡を追うように、「ヴァリアシオン」誌に犯罪小説集を掲載した。

一九五一年初め、ついにジャック・ロカールの署名の下にリヨン科学捜査研究所所長の肩書が登場した。エドモンの希望はようやく叶えられた。だが、それは束の間の喜びだった。ジャックの息子アンリは語る。「父は、新しい化学分析の方法を実現しました。（中略）また、居間を行ったり来たりしながら、英文を暗記しようと繰り返していたのを覚えています（母は学生時代、英語を専攻していました）。一九五二年十一月に、ロンドンの犯罪学会議で発表することになっていたのです。会議では、新たに発明した〝エブリオスコープ〟を披露しました。これは、息を吐くだけで、その場で運転手の呼気中のアルコール濃度がわかるという機器です」。（7）つまり、現在のアルコール検知器の先駆けである。だが、ジャックが発明品の特許を取得することは叶わなかった。運命は違う道をたどった。ジャックの妹ドゥニーズは話す。「リヨンに戻ってくると、兄は妻に『気分が悪いから休むよ』と言いました。兄は床に就いて、そのまま亡くなりました。享年三十八歳でした」。（8）妻と七人の子供が遺された。一番上の子供がようやく思春期に差しかかるところだった。

ジャック・ロカールが急死した一九五二年十一月二十四日、すべてが一変した。息子を後継者にするため尽力してきたエドモンの頭の中で、すべてがひっくり返ったことだろう。

メルシエール通り五番地のシャーロック・ホームズ

サン＝ジャン通り三十五番地のシャーロック・ホームズは、既に転職に向けて準備していた。その仕事は一つだけではない。要するに、個人で鑑定を行うのである。知事はロカールに「犯罪学を決定的に発展させた科学捜査の実績に対して」敬意を表した。「フランス中の警察が、発展させようという貴殿の意向や犯罪捜査の実現、リヨンを世界最高峰の犯罪捜査の地に押し上げたことを知っています」（9）

一九五一年二月二十二日、フランスの映像ニュースはロカールの引退について、ほんの数秒伝えただけだった。その数日前、ロカールは手紙で知人に「私は三月一日まで科捜研におります」と知らせていた。「新しい連絡先はメルシエール通り五番地、電話番号はフランクリン三八―

八五番です」。(10) メルシエール通りとはどんな場所なのか？　当時、リヨン旧市街中心部のソーヌ川に近い「番地一桁の地域にはブルジョワが住んでいた。番地二桁の地域は、商店や事務所の入口が交互に続いた。ラジオが聞こえる二軒のバーの間には時間貸しのホテルがあり、土曜の夜には人気がなかった」(11)

少なくともロカールは、この「娼婦が客をとる、評判の良くない通り」の中でも、庶民的だが「きちんとした地域」にある建物に入居していたようだ。

来客は「どこまでも続くリヨン式の玄関から廊下を通ると、壁際には書類と写真、博士が活躍した往年の事件の思い出の品が並んでいる。(中略) 広い部屋はランプ台で照らされ、事務所の両側には博士と秘書が座っている。来客が訪れると、彼は魅力的な笑顔で歓迎した」(12)

自宅 (カリュイールのシガリーヌ通り七番地) から離れたこの事務所移転は、きわめて個人的な、別の必要性から生じたものだった。ロカールを一九五〇年代から知るアンド

レ・ミュールは「ロカールが移ったのは、愛人ドゥニーズ・ビシャンビスの家だ」と、あけすけに語っている。新聞を注意深く読むと、フランス占領時の記事に、ロカールの忠実な秘書は意外な形で登場している。一九四二年六月十日付「パリ・ソワール」紙リヨン版の二段記事に、「音楽家、画家、ロカール博士の〝ミューズ〟」と紹介されているのだ。

その後、ドゥニーズ・ビシャンビスは完璧な秘書になった。「彼女は記憶装置で、すべての書類がどこにあるか把握していた。博士が何か尋ねると、いそいそと立ち働き、椅子の後ろの本棚の中を探して、頼まれた書類を取り出す。彼女がコンセルヴァトワール［音楽院］に在籍中の若手歌手だった頃から知っており、ロカールがコンクールの審査員だった」。(13) 彼女に惹かれ、陽気な歌姫の魅力に抗えなかった。自身よりずっと若く、歌手としての才能以上に、強烈な魅力に参ってしまったのだろう。「オペラ部門の二等賞。声は平凡、演技もそこそこ、だけど彼女は父にとっては女神のようだった」と、娘のドゥニーズ・スタニャーラは語る。(14)

忙しい引退生活

ロカールが引退した一九五一年、ドゥニーズ・ビシャンビスは当然のように十一月から始まったロカールの北アフリカ講演ツアーに同行した。地元紙には「悪人どもよ、気をつけろ！　リヨンのシャーロック・ホームズは、引退後も要注意人物だ」と報じられた。コナン・ドイル作品の主人公シャーロック・ホームズの名は、地中海の向こう側でもロカールの異名として知られていた。彼が大都市を訪れると新聞ネタになるが、ご多分にもれず、チュニス［チュニジアの首都］の新聞にも、「打ち明け話」として三段記事が大急ぎで掲載された。モロッコでは、カサブランカの〈リアルト〉で開催される講演には「五十年に及ぶ犯罪者との闘い」という広告が掲載された。(15)

フランスに帰国すると、ロカールは同じテーマでリヨン、ニース、その他の都市で講演を行い、時には嬉々としてお気に入りのテーマに変更した。「ユニークでセンセーショナルな講演」の中には、リヨンのベルクール広場に面した〈ベリエ＝ミリエ〉のサロンで「二区に住む老人たちのため」に開催された「悪魔を見た人々」という題目がある。

一九五〇年代、息子の急死の後で、今度はハリー・セーデルマンの早すぎる死がロ

カールを打ちのめした。一九五六年に、文学エージェントのジャック・ダヴィッドを通じてスウェーデン出身の愛弟子の訃報を知った。セーデルマンは著書『犯罪を追って　ある警察人の生涯』（『*Quarante ans de police internationale*』、英語で『*Policeman's lot*』）(16) を出版したばかりだった。頼まれて序文を書いたロカールは、セーデルマンを「最も優秀な教え子」と称賛した。

タンジールで急死したセーデルマンは、スウェーデンの国立科学警察研究所で所長を務めたほか、インターポールの一員でもあり、またニューヨーク警察の科捜研など、世界中で多くのポストに就いた。その知見の広さから、フランスで異論の多かったグロゼル遺跡の発掘調査[出土品の捏造事件」に協力し、死後刊行された著書で、まる一章を割いている。(17)

ロカールにとって、活動し続けることが最大の気晴らしだったようだ。事務所に山積みされた担当事件の書類はなかなか減らなかった。私立探偵とやり取りした書簡は多く、中でもリヨンで有名だったシルドベール通りの探偵セザールとのやり取りがあったことがうかがえる。匿名の手紙の鑑定や、セザール自身の依頼人の筆跡の比較をロカールに依頼していた。

その一方で、長年科捜研の所長を務めた者として、ロカールには確かな痕跡を残す義務があった。一九四二年、これまでの人生を振り返る『*Confidences: souvenirs d'un policier*（打ち明け話：ある捜査官の思い出）』がリヨンで出版された。一九五八年には、ロベール・コルヴォルがインタビューした『ある犯罪学者の回想録』がファイヤール社から刊行された。まるで推理小説のような内容だったことを意外に思う読者は一人もいなかっただろう。

一九五〇年代には、十九世紀から二十世紀初頭の様々な犯罪事件を集めたシリーズ物『*Les causes célèbres*（有名事件）』をフラムドール社から発表した。たとえば「彼女は夫を毒殺したのか？」は、一八四〇年に夫を毒殺した女性にちなんだ〈ラファルジュ事件〉のことである。「殺された行政官」は〈フュアルデス事件〉という、検察官フュアルデスの殺害事件で、複数の容疑者が処刑された。「無益な殺人」は一八九四年にリヨンでサディ・カルノー大統領がアナーキストのカゼリオに暗殺された事件。「マタ・ハリ」は第一次世界大戦時の有名な女スパイ。「仕掛け爆弾」はナポレオン三世を爆弾テロで殺害しようとして、失敗したオルシーニの話。「ギロチンの婚約者」は〈ダンディの犯行〉ことラスネールに着想を得た。「蝮《まむし》のような女」「蝮には腹黒い、陰険な中傷者の意味がある」は、ロカールが解決した〈チュール事件〉のことである。

ロカール、再び法廷へ

ロカール博士ことフランスのシャーロック・ホームズは「引退後も要注意人物だ」と言われ、

あるいは新聞に書かれたが、世間で話題の大きな刑事事件にも関与することがあった。
たとえば、ロカールが引退する少し前の一九四九年にオーヴェルニュで起きた〈ブランヴィリエ事件〉である。この毒殺事件ではローザ・モンシャンに容疑がかけられ、オート・ロワール県の裁判所で裁判が行われた。このような毒殺事件の裁判では、死体発掘、検死、出廷といった具合に、鑑定人の果たす役割は大きかった。同僚であるル・ピュイのラトゥール博士と同じく、ロカールはヒ素による殺人だと述べた。また、コメントを求められると「女は自白しない！」と繰り返した。

ロカールは、別の女性による毒殺事件でも鑑定人として意見を求められた。容疑者は「ルダンの奥様」と呼ばれていたマリー・ベナールである。一九五四年三月十七日、ボルドー重罪裁判所はロカールに出廷を求めた。裁判は一九五二年、一九五四年、一九六一年の三度にわたり、鑑定の仕事ものんびりしたものだった。最後の裁判で、被告人は無罪を言い渡された。マルセイユ科捜研のベルー教授らの弁護団により矛盾点が見つかったか、あるいは厳密に再検討した結果だった。ロカールは匿名の手紙の筆跡鑑定人として呼ばれたが、死体からのヒ素検出をめぐり、熾烈《しれつ》な戦いが繰り広げられた背後で二の次にされた。マリー・ベナールの犠牲者（と思われた）数は十三人にも上った。

世間を騒がせた別の事件に、一九五八年五月一日にジュネーブで行われたジャクー裁判がある。弁護士ジャクーにシャルル・ズムバッハ殺害の容疑がかけられたのだ。鑑定人の中にロカールもいる。「証言によると、被告人の請求でロカールが呼ばれた」が、血痕を調べたところ、血痕の一致が決定打となった。「ジャクーは再鑑定で救済されず、減刑にとどめられた」と記者は話す。(19) 最終的に、ジャクーは懲役七年の有罪判決となったが、その評決は世論を納得させるには程遠かった。

鑑定人の立場は、いつも羨ましいものとは限らない。ロカールが実践した筆跡鑑定法は、一九二二年のチュールの事件以来、輝かしい結果を出してきたが、それでも小さくない失敗は避けられなかった。

コラム：時には間違うこともある

一九四五年二月、オーシュ裁判所。ジェール県にある小さな村の商人ルネ・ラフィットは、匿名の手紙でレジスタンスの隣人をドイツに密告した罪で、懲役五年の有罪判決を言い渡された。筆跡鑑定を依頼されたロカールは、筆跡の中の二十あまりの類似点から、密告状を書いたのはラフィットであると認めた。その十一年後の一九五六年二月、いくつもの手続きを経て、筆跡鑑定人フェリックス・ミショーが再鑑定を行うと、ボルドーにある軍事裁判所により、ルネ・ラフィットの名誉回復が決定した。この事件についてコメントを求められたロカールは、ボルドーの裁判には召喚されなかったと話す。「不運なことに、陪審員の意向で、手紙の写真を大きく引き伸ばすことができなかった。当時、リヨン科捜研には乾板がなかったからね」。(18) それでもロカールは、筆跡鑑定人ミショーが再鑑定を引き受けてくれたおかげで肩の荷が軽くなったと言い、このような筆跡鑑定について、何らかの意見や「頼りない」という考えを述べるつもりはないし、別の人間に再鑑定を依頼するのが良いだろうと、何度も強調した。

歴史を討論する

ロカールのこれまでの仕事全般や様々な状況での決定的な介入において、時には間違うこともあったものの、重要なのは、科捜研に十分な手段が揃っていなかったことだ。関係者も証言しているが、いつでも納得いくような仕事ができたわけではない。別の分野では、有名事件と呼ばれる過去の事件について、ロカールは晩年まで、彼なりの結論を出そうと努めた。一九六五年九月、友人の一人に〈スタンネル事件〉のロカール流の解釈を提案している。女詐欺師で、フェリックス・フォール大統領（彼女にとって致命的な打撃の元凶となった）の愛人だったマルグリット・スタンネルを、親しみを込めて「メグ」［マルグリットの愛称］と呼んでいる。一九〇八年、ロンサン小路の自宅で夫と母を殺害した容疑で、フォール大統領との醜聞以上に新聞を賑わせた。最終的にスタンネル夫人は無罪となったが、真犯人、それも上流階級の人物をかばっているのではと言われた。「よほどの重要人物が関わっているのでない限り、警察が事件をもみ消そうとするメリットが見当たらない。だがありきたりな、新聞の三面記事で見るような色恋沙汰かもしれない」。ロカールはその人物の名を明かさないが、この仮説はほかの作家にインスピレーションを与えた。(20)

同様にロカールは、プランス裁判官の死亡事件についても考察している。一九三四年二月、パリ―ディジョン間を結ぶ鉄道の三一一キロ地点であるラ・コンブ・オー・フェで惨殺死体が発見された。パリ控訴院の裁判官だったプランスは、検察局財務部門のトップで、世間の注目を集めた〈スタヴィスキー事件〉[内閣を巻き込んだ疑獄事件]を捜査していた。大胆な詐欺師スタヴィスキーは長らく庇護されていたが、少し前に自殺していた。この事件は権力濫用の発覚で大紛争を引き起こし、国家を崩壊の危機にさらした。一九五七年の新聞に、「犯罪学者エドモン・ロカール」(21)が明かした新事実として、「プランスを殺害したのはボニー」の見出しが躍った。ロカールがこの解釈に行きついたのは、ポール博士の打ち明け話からである。悪徳警官ボニーは二度の大戦間のあらゆるおぞましい事件に加担し、やがて対独協力者になるまで落ちぶれ、ローリストン通りのゲシュタポに協力した。ボニーは処刑される間際に、〈スタヴィスキー事件〉の捜査で目障りだったプランス裁判官を殺害したこと、自殺に偽装したこと、プランスの私生活についてデマを流したことを、付き添いのポール博士に打ち明けた。この「新事実」に対する反響は非常に大きかったが、その情報源を考慮すると、きわめて評価が難しかった。

その一方でロカールは、〈プランス事件〉の捜査におけるきわめて深刻な機能不全を指摘した。「最初に、フランス警察の有能さ——より正確には不手際だが——について言うと、この事件にはあまり乗り気ではなかったようだ。おそらく、死体のひきつった顔や爪に抵抗の痕跡があるのを実際に見ずに判断したのだろう。殺人や自殺や事故が起こった場合、明白なことが一つある。その場でやるべき、絶対に必要なことは、調査を行うこと、現場の詳細な説明、痕跡を探すことで、これらは第一に迅速であること、第二に正確であること、第三に断定的であることが必要だ。この三点は絶対に欠かせない。現場の保存はもちろんだが、計測写真、証拠品の押収、分離と包装、血痕や指紋の採取、機関車の調査［プランスは鉄道自殺を疑われた］など、捜査に関わる人たちがこういったことにそれぞれ配慮するのが当然だ。実施するのは今日ではないし、捜査初日の翌日でもない。私は百回も書いてきた。『犯罪捜査では、時間がたつほど真実が逃げる』と」(22)

フランス国王をめぐる謎解き

このほかの歴史上の大事件には、ルイ十七世をめぐる謎がある。後年、多くのフランス人がアラン・ドゥコー［歴史学者、ラジオ・テレビの歴史番組制作者］やジャン＝フランソワ・シアップ［ラジオ番組プロデューサー］の制作した有名なラジオやテレビの歴史番組を再発見するが、一九四三年、作家アンドレ・カステロ［ルイ十六世やマリー・アントワネットに関心が深い］はエドモン・ロカールに調査を依頼した。カール・ヴィルヘルム・ナウンドルフ（一八四五年にオランダ、デルフトで死去）が真実を言っていたのかを確かめるためだ。この人物は王位請求者の一人として現れたが、信憑性があるように思われ、人々の興味を引いたのは、ルイ十六世と王妃マリー・アントワネットの息子である王太子、つまり後のルイ十七世を名乗ったことである。フランス革命で幽閉されたタンプル塔の監獄から脱走したという、まるで新聞小説のような展開だ。調査は一九四三年に始まり、ロカールは毛髪の分析を依頼された。「この日を境に、フランス、英国、スイスやカナダから、ルイ十七世のものだという毛髪の束がたくさん届いた。ある日、これだけ王太子の髪があれば、父親のルイ十六世のために素晴らしい鬘《かつら》が作れるだろうと、冗談を言ったほどだ」

真実味を帯びてきたのは一九五一年二月九日、アンドレ・カステロの依頼に応じて、オランダ・ライデンのハルスト博士がロカールへ手紙を送ってきた時だ。「髪の量（中略）頭蓋骨や骨などから、ノルマンディー公ルイ・シャルル［王太子のこと］のものだと思われます。この人物は、一八四五年八月十日にカルファボッシュ墓地に埋葬されました」。毛髪の調査が「疑う余地のない根拠」となり、ロカールは、その可能性はあるが「ルイ十七世の毛髪と同じものとは言い難い」(23)と述べた。また、別の二つの理由から、ナウンドルフは王太子ではないと判断された。

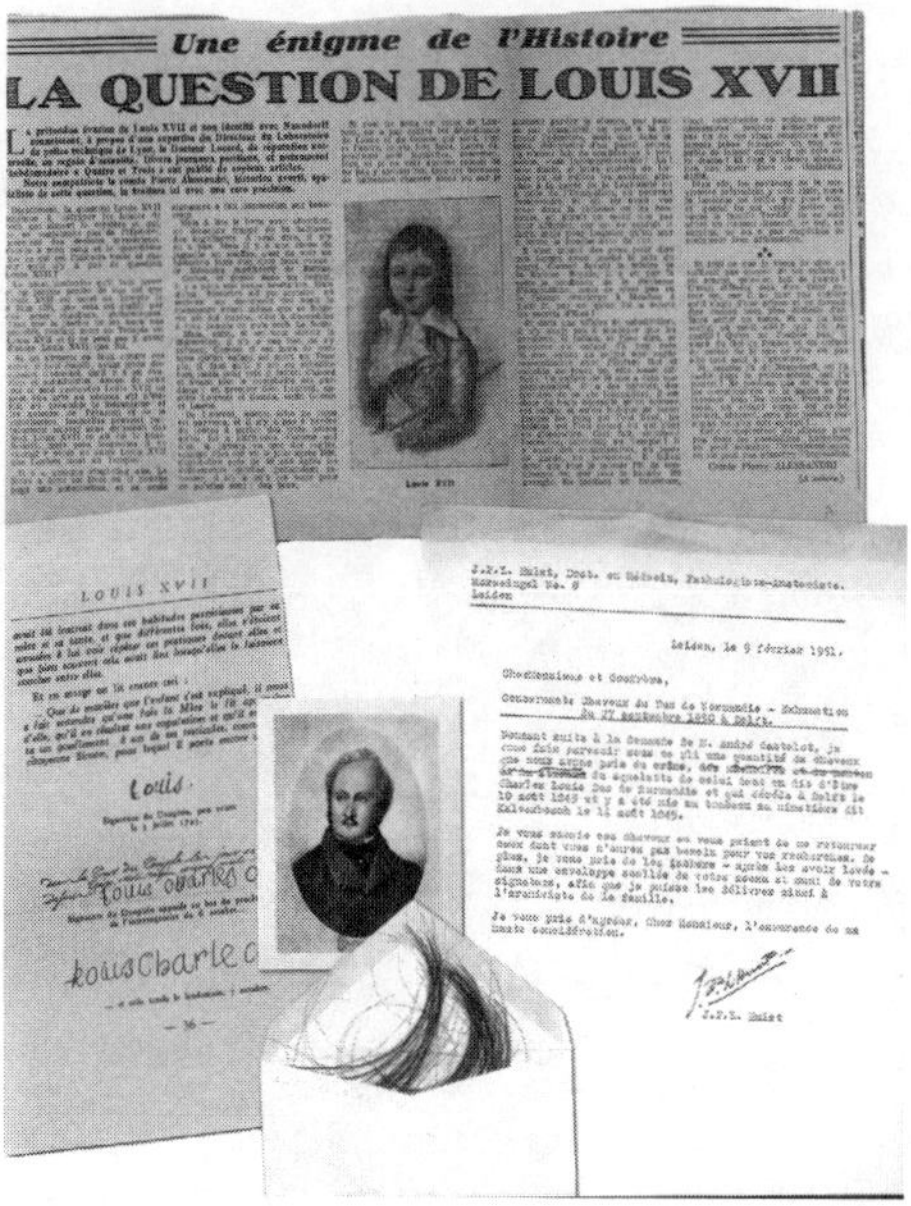

ナウンドルフの問題は解決し、一件落着となった。科学の進歩のおかげで、ロカールは分析に確信が持てた。一九五〇年九月の遺体発掘で発見された上腕骨のかけら二つと毛髪を基に、一九九八年に遺伝子学者ジャン＝ジャック・カシマンとオリヴィエ・パスカルがＤＮＡ鑑定を行った。マリー・

アントワネットと姉妹の毛髪から採取したＤＮＡと、女系子孫であるハプスブルク゠ロートリンゲン家のアンヌ・ド・ブルボン゠パルム公女とアンドレ・ド・ブルボン゠パルム公のＤＮＡを比較したところ、結果は明らかだった。ナウンドルフの遺骨には、マリー・アントワネットとルイ十六世の息子であるルイ十七世に見られる特徴が見られなかったのだ。ルイ十七世をめぐる一件では、さらに歴史学者フィリップ・ドロームが二〇〇〇年四月、遺伝子解析を実施した。マリー・アントワネットの女系の縁戚にあたる子供の心臓で、解析結果から、ルイ十七世は一九七五年六月に、間違いなく死亡したことが証明された。

リヨンでの交友関係

リヨン中を飛び回るロカールは、ほとんどすべての団体、専門家の協会、同業者の組合で名前を知られ、尊敬され、認められていた。「彼は取り巻きや友人たちに囲まれていた。特にロカールが創設した〈白ツグミ協会〉では毎週のように、リヨンを来訪したゲストを文化的な場に招いていた」。ロカールとずっと連絡を取り合っていた作家フランシス・カルコやフレデリック・ダールはその一人で、様々な階層や才能のリヨン人たちが集まる場所だった。映画監督ロジェ・

アンドリューは「パリの名レストラン〈マキシム〉の常連だったが、引退後はリヨンで暮らした。我らが素晴らしきリヨンが気に入ったのさ」と、リヨンのユーモリストで歴史家のフェリックス・ブノワは語る。ブノワは「ピエール・シーズ河岸に〈白ツグミ〉という、料理のうまい小さなレストランを開いた。店名はおそらく、モンマルトルの〈黒猫〉に出入りした白ツグミの伝説にちなんでいると思うよ！」。

ロカールはまた、「絵画を愛し、身近にはピエール・コンブ＝デコンブ、フェルナン・マジョレル、ピエール・ド・ブレールといった画家たちがいた。絵画展に協力し、秋のサロンでは副会長を引き受けた。（中略）リヨンで開催される、どんな小さなコンクールも断らなかった。『ギニョール愛好会』会長を務め、「四階席の兄弟」(24) に参加し、『ピエール・デュポン［歌謡作家］の会』の会食に参加した」。ロカールは雑誌「アンドロクレ」の編集長を引き受け、講演者としても才能があり、主宰していたもう一つの「リフレ」誌では「リフレの火曜日」という集まりを企画した。これは「毎週末にサル・ロレンティ劇場に集まり、二〇〇人ほどの聴衆の前で時事問題を討論する」ものだった。(25)

ロカールが終生離れなかったリヨンでの文化的活動や団体への参加を漏らさぬよう、どうすれば完全なリストを作れるだろうか？「パリ―リヨン」グループに「ガダーニュ博物館友の会」（リヨンの歴史とマリオネットの博物館）、「埋もれた原石の詩人サロン」、さらに郷土色と香りあふれた寄せ集め「科学と美食」（どちらもロカールが大事にしていたものだ）も忘れてはいけない。さらにはごく自然な流れで、一九五九年には「エドモン・ロカール推理小説大賞」が創設され、最初の受賞作はユーグ・クラリーの『*De fille en aiguille*』に決定した。現在ではもう残っていないが、「ギニョール愛好会」には、ロカールと長年の知己だったジュスタン・ゴダールを思い起こさせる〈良い子のメダル〉があったという。

最後の輝き――最晩年の日々

一九六三年十月三十一日、エドモン・ロカールはサン＝シル＝オー＝モン＝ドールの国立高等警察学校を訪れ、ボードリー校長に迎えられた。裁判所の屋根裏部屋に展示されていた「犯罪博物館」の収集品を寄贈するため、訪ねてきたのだった。ロカールは今や犯罪学史と結びつけられていた。あちこちで話を聞かれ、あるいは姿を見られ、歴史を説明するため、彼が真相を知っているちょっとしたフレーズを添えて形容され、この杖をついた老人はアイコンとなった。現在でもロカールの声を聞き、姿を見ることができるのは、レオン・ジトロンとアンドレ・ミュールのラジオ番組「ロカール博士の気ままに思い出話」と、テレビ番組のおかげである。

に登場する。

特に「フランスの日曜日～歴史と人々～」という番組に出演し、また、ミシェル・スビエラとフランシス・ラカサン制作の「ロカール博士　犯罪の時間」の予告編映像では主演俳優のように登場する。

活動的な老年期を過ごすロカールだったが、高齢者特有の不安からは逃れられない。自立心の強い気質から、社会保険のような行政サービスには無頓着だったが、「八十歳を超えてから、ようやく父は社会保険に加入しました。でも保険証を届けたその日に、大腿骨頸部を骨折したんです」と、娘のドゥニーズ・スタニャーラは語る。

一九六六年二月、ピエール・シャボ警視から手紙が届く。リヨン警察の鑑識課課長だった人物で、一九五〇年代にモンタージュ写真を最初に考案した一人である。手紙には、前年ロカールに起きたことが要約されている。「昨年は不運な事故で数か月の入院を余儀なくされ、大変だったとお聞きしました。(中略)ビシャンビス女史の話では、回復されたそうですね」(26)

ロカールは最晩年、カリュイールのシガリーヌ通りにある自宅で過ごすことになるのだが、娘のドゥニーズは「私がうまく立ち回る必要がありました。父はビシャンビス女史に会いたくてたまらない、彼女も父に会いたくてたまらない、そして母は何も知らない……。ですから、私がうまく立ち回らなければならなかったのです」と回想する。(27)

最後の数年間はなかなか辛かった。アンドレ・ミュールは語る。「感動的なエピソードがある。

ドゥニーズ・ビシャンビスはパーキンソン病にかかってしまった。手は片時もじっとしないで震えが止まらず、固まった体勢で話し方もゆっくり。かつての美女は自分の影法師になってしまった。胸を打たれたのは、八十歳近いロカールが、ビシャンビスの中に四十年前の姿を見ていたことなんだ」(28)

一九五五年にレオン・ジトロンがエドモン・ロカールにインタビューした時、最後の質問をした。「博士、ご自分の人生を振り返ってみて、もう一度同じような人生を送りたいと思いますか?」するとロカールは「ああいう人生をもう一度送ろうとは思わないね。過去に戻れたら、一日たりとも、一時間たりとも、繰り返したくない。我ながら、自分の人生が怖いよ」と答えた。仕事については怖いと思っていない、素晴らしい仕事だからねと、ロカールは強調する。「今は休息と静けさ、孤独が欲しいね」。さらに、マイクに向かってこう洩らした。「今日はずいぶんと喋ったもんだね……」

エドモン・ロカールが永遠の安らぎを得たのは、一九六六年五月四日、八十九歳になる目前だった。余談だが、一八九一年五月四日からちょうど七十五年後だ。「最後の事件」で、シャーロック・ホームズがスイスにあるライヘンバッハの滝で宿敵ジェイムズ・モリアーティ教授と死闘の末、〝亡くなった〟のと同じ日だった——。

第七章　さらば、シャーロック・ホームズ

エピローグ：新たなヒーロー

科学捜査の原則や手法が一九一〇年に創設されたリヨン科捜研に多くを負っているならば、技術の進歩は科学捜査の実践面を根本的に発展させた。ロカール博士こと〈フランスのシャーロック・ホームズ〉は忘れ去られたのだろうか？　リヨン科捜研の生みの親がこの世を去ってしばらくして、ロカールの名は、再び世に現れた。

一九六六年十月末、サン＝シル＝オー＝モン＝ドールにある国立高等警察学校を、エイドリアン・コナン・ドイルが訪れた。その作品と主人公からロカールが大きな影響を受けた、アーサー・コナン・ドイルの息子である。今日でも推理小説の世界では、シャーロック・ホームズにインスピレーションを受けた作品は尽きない。ミステリの発展とメディアを通じた大きな変化により、その後「現代版」が登場する。ロカールはきっと同意するだろう。別の主人公によって、少なくとも十回ほど彼の名前や理論が引用されていると。その作品とは、これまで本書でも名前を挙げたアメリカのテレビシリーズ「ＣＳＩ：科学捜査班」である。脚本は魅力的だが、彼らは鑑定人と現場の捜査官の役割を兼ねている——ほかの科捜研を描いた多くのテレビシリーズと同じく——時には銃を手にすることもあるのだ。「二つの職業を混ぜてはいけません」と、国立科学警察研究所（ＩＮＰＳ）所長のフレデリック・デュピュシュは話す。「〝私ども〟の鑑定人は絶対に逮捕の手続きを進めたりはしませんし、尋問も行いません」

　だが結局のところ、今の時代に「小説の捜査官と研究所の捜査官」を適応させたら、ロカールの定義では同じカテゴリーに入れられるのではないだろうか？　フランスの犯罪学の父エドモン・ロカールとは……定義はしないでおこう。引退間際のロカールも言っていたではないか。「最後の言葉？　なに、実に簡単だよ。私が死んで六週間もたてば、誰も私のことを覚えていないだろう」

　この言葉が真実にならないよう、どうか本書が貢献しますように。親愛なるロカール博士に敬意を込めて。

コラム：科捜研が舞台のテレビシリーズ

二〇〇〇年十月六日に初回が放送されたフィクションドラマ「ＣＳＩ：科学捜査班」は、科学捜査研究所が舞台となっているが、登場人物は八面六臂《はちめんろっぴ》の大活躍をする。「良い部分と悪い部分がありますね」と、リヨン科捜研の後継機関であるフランスのＩＮＰＳ所長フレデリック・デュピュシュは語る。「良い部分は、大半の場面を解析に当てていて、科学的にも正確な点です。ただし、映像の扱い方については疑問が残ります。監視カメラ映像をあれほど精密なまま拡大できないし、ハリウッド風の鑑定人ですね。結局はフィクションですよ。一つの事件に、それも数日間続く事件に、スタッフを何人も動員できない。私の知る限り、フランスの科学捜査官はホルスター付きの銃を持って行ったりしませんし、オープンカーを乗り回したりしません」(29)

謝辞

エドモン・ロカール博士の娘であるマダム・ドゥニーズ・スタニャーラは、会うたびに温かく迎えてくれ、父親の思い出を語り、資料を提供してくれた。博士の孫ピエール・ロカールは、リヨン市立公文書館の記録と鑑定書類を調べてくれた。

リヨン市立公文書館館長のアンヌ゠カトリーヌ・マラン、ロカール財団責任者でエドモン・ロカール展（二〇一〇年）主催者のノエル・シロン゠ドレ。

リヨン市立図書館パールデュー館（ピエール・ギナールと旧図書館の財団）。

サン゠シル゠オー゠モン゠ドール国立高等警察学校広報部のアレクサンドル・タルディ部長とドミニク・フィロン、ドキュメンテーションセンター長フランソワーズ・ルヴィオ。

エキュリーの国立科学警察研究所（ＩＮＰＳ）所長フレデリック・デュピュシュ、広報情報部メルセデス・ギレール。

ローヌ県公文書部部長ブノワ・ヴァン・リート、ロカールの研究所のＳＲＰＪファイルを閲覧させてくれたミシェル・トーレス。

ダニエル・シラーと「*Le Monde de San-Antonio*」。

〈白ツグミ協会〉会長ミシェル・ルード。

文書や手紙を翻訳してくれたフレデリック・ショーヴィ。

コレクションから写真を提供してくれたジャン・メレ。

アクロポール社、特にカローラ・ストラング、イザベル・ルランとジャンヌ・オリヴィエ。

あなた方がいなければこの本は作れなかった。

このほか名前は挙げないが、助言や知識を与えてくれた人たちに感謝を捧げる。

訳者あとがき

本書は*"Les Archives de la Police Scientifique Française"*の翻訳である。原題を直訳すると『フランス科学捜査の記録』で、科学捜査の発展史であると同時に、犯罪学者エドモン・ロカールの伝記でもある。ロカールの著書、新聞記事、家族への取材、ラジオ音源、リヨン市やロカール財団の保有する文書など膨大な資料にあたり、ロカールや関係者の言葉はこれらが元となっている。

著者ジェラール・ショーヴィは一九五二年生まれのジャーナリスト、歴史研究家で、主に地元のリヨンや第二次世界大戦中の歴史、レジスタンス活動に関する数多くの著書を出版し、歴史雑誌「*Historia*」などに寄稿している。

本書の主人公エドモン・ロカールとはどのような人物なのか、簡単に紹介する。フランス・リヨンの法医学者・犯罪学者（一八七七〜一九六六年）で、現代的な科学捜査研究所をいちはやく開設した。数々の犯罪事件の解決に貢献し、〈フランスのシャーロック・ホームズ〉と呼ばれ、フランス国内だけでなく、世界の科学捜査技術の向上に尽力した。科学捜査を扱った本には必ず彼の名前と「ロカールの法則」が登場する。

日本では、エドモン・ロカールの名前を米国のドラマ「CSI：マイアミ」で知ったという人も少なくないのではなかろうか。ホレイショ・ケインの台詞「あらゆる接触が痕跡を残す」はロカールの代名詞になった。最近では、フランス発ドラマ「アストリッドとラファエル　文書係の事件録」にも「ロカールの原理。犯人は現場に証拠を残す。そして持ち帰りもする」というラファエル・コスト警視の台詞が登場した。これ以外にも、「CSI」シリーズに触発されたのか、フランスでは法医学者が主人公のドラマ「バルタザール　法医学者捜査ファイル」が制作されている。

ロカールが科学捜査研究所を創設し、活躍したのはどんな時代だったのか？　医学生だった彼がラカサーニュ教授に師事した二十世紀初頭、犯罪捜査の世界は大きな変化を迎えていた。犯罪者を特定する画期的な方法と言われたベルティヨン方式に代わって、より精度の高い指紋鑑定が採用され、犯人の自白に頼らず証拠を重視するようになった。法医学の世界もまた、新しい時代に入ろうとしていた。電話、自動車、飛行機など、新しい技術が誕生すれば、それらを悪用した新たな犯罪が生まれる。警察も最新の科学的な捜査術が求められ、ロカールたちはその要望に応えた。研究所の中でもより高性能の機器が必要となり、所員たちは顕微鏡のような新種の光学機器を開発した。ロカールの息子ジャックはなんと、アルコール検知器の先駆けとなる「エブリオスコープ」を発明する。

ロカールが活躍した時代、フランスは二度の世界大戦に見舞われた。ロカール自身は第一次世界大戦では陸軍で暗号解読に従事し、フランスがドイツに占領された第二次世界大戦中にはレジスタンス活動に協力した。市井の犯罪捜査だけでなく、国家レベルのより大きな仕事にも関わっていた。

リヨン科捜研開設と前後して、同様の機関が世界各地に存在したが、後世から見てもリヨン科捜研が頭抜けていたのはなぜだろうか。E・J・ワグナーによれば「所長に任ぜられたロカールは、そこを非常に能率的で独創的な施設にすることに邁進した」、「ロカールの機敏な頭、機略縦横の性向、高潔という評判のおかげで、リヨンの研究所は大いに尊敬される施設となった。大勢の世界水準の法科学者も養成した」とある。これに付け加えるなら、海外からも研修生を受け入れた開放性、国内外の捜査官への教育だろうか。各国の捜査関係者、研修生や所員らに慕われた、その陽気な人柄も忘れてはいけない。

ロカールには先見性もあった。犯罪の国際化を見越して、各国の警察が連携して捜査できるよう、現在のインターポールの先駆けとなるような団体「国際犯罪学アカデミー」を立ち上げた。第二次世界大戦より前のことである。同じ理由から、異なる国の捜査関係者で情報共有できるように、エスペラント語の捜査情報雑誌「インテルナツィア・ポリツァ・ブルテノ」を創刊した。

こちらは時代を先取りしすぎた感があるが、マルチリンガルのロカールならではの発想である。

ロカールは著書や論文を数多く執筆し、その一部は早い段階で英語に翻訳された。『犯罪捜査学論』は、米国の一部の警察では、科学捜査の教科書として採用されたという。現在も英語圏でロカールの知名度が高いのは、そのおかげもあるだろう。

このように、多くの仕事を成し遂げたエドモン・ロカールだが、ミステリファンの間で「ロカールの法則」という言葉を知られていても、ロカールがどのような人物だったのか、日本ではあまり知られていない。当然、その功績や生涯も、〈フランスのシャーロック・ホームズ〉と呼ばれるようになった経緯も知られていない。日本で既刊の科学捜査の本（主に英語からの翻訳）には、ロカールの名前と事件の逸話がいくつか登場するが、あくまで功績の一部にすぎない。フランスの、それも彼と同じリヨン出身の作家ショーヴィにより、これまで断片しか知られていなかったロカールの全体像が伝わればと思う。

以下、本書について補足をする。

「ロカールの法則」または「ロカールの交換原理」とはどのようなものなのか？ 実は、決まった言い回しはなく、著者によれば「表現にはいくつかバリエーションがあるが、有名なのは一九一九年五月二十日に行われたリヨン科学文芸アカデミーでの入会演説だ」という。「『次のような原則があります。痕跡を残さずに行動するのは不可能である、特に犯罪行為のような激しい行動をした場合には』。その命題が『明白に述べられていなくとも、逆もまたしかりなのです。犯人は、立ち去ったばかりの犯行現場から必ず証拠を持ち運んでいるのです』のように後世に伝えられた」

なぜかこの一部がドラマの中で、まるで「格言のように」引用されるようになった。恐らくは、ロカールの著書が「CSI：マイアミ」のホレイショ・ケインの学んだ警察学校で教科書として採用されていたのだろう。

ロカールの周辺の人たちについて付記する。リヨン科捜研では海外からの研修生を多数受け入れたが、その中で「最も優秀」とロカールが絶賛したのがスウェーデン出身のハリー・セーデルマンである。セーデルマンはスウェーデンで国立科学警察研究所所長に就任した。弾道学の専門家で〈リボルバー・ハリー〉のあだ名がついた。海外からも引き合いがあり、米国で起きたリンドバーグ愛息誘拐事件の捜査にも関わっている。彼の著書はいくつか和訳されている。

作家フレデリック・ダールは、日本でも紹介された『夜のエレベーター』、『並木通りの男』などの作品があり、サン・アントニオ名義では『フランス式捜査法』、フレデリック・シャルル名義では『恐怖工作班』が出ている。これ以外にもカピュト、ランジュ・ノワールなどのペンネームを使い、ジャンルもサスペンス小説、軽快なアクション小説、スパイ小説、ノワール小説など多岐にわたる。非常に多作なうえに映画の脚本も手がけ、小説も多数映画化された。

本書には登場しないが、意外な人物がロカールの講義や講演を聴講している。一人目はベルギーの作家ジョルジュ・シムノンである。一九一九―一九二〇年頃にかけてロカールの講義をリエージュで聴いたという。「メグレ警視」シリーズを執筆するうえで警察に取材を行ったが、ロカールの講義や著書もおおいに参考になったのではなかろうか。ちなみにシムノンは、本書にも名前が出てきた〈スタヴィスキー事件〉を調査している。

二人目は日本の作家遠藤周作である。終戦後の一九五〇年に渡仏し、リヨンに留学した。滞在中、ロカールの講演会を聴講し、著書も購入している。リヨンはナチスドイツに占領された戦時中、レジスタンス活動が盛んだった土地で、地元の学生から当時の惨たらしい話を聞き、後に『白い人・黄色い人』に結実する。

ロカールとシャーロック・ホームズの生みの親アーサー・コナン・ドイルの交友については、これまで諸説あった。一九二一年にオーストラリアからの帰途、リヨンへ寄ったか、一九二五年にパリで開催された心霊主義会議のついでにリヨンへ足を伸ばしたか、いずれかの機会にロカールと対面したのでは？　と言われていた。それだけではない。コナン・ドイルがフランスの銀行強盗ジュール・ボノーを運転手に雇っていたという逸話まであるのだ。一方で、コナン・ドイルの友人ハリー・アシュトン・ウルフの著書 *"Outlaws of Modern Days"* に、彼がパリ警視庁のベルティヨンのもとで研修を受けていた頃、運転手としてジュール・ボノーを雇っていたが、アナーキストだと判明したので解雇したという話が出てくる。

また、手紙のやりとりはあったものの、実際にはコナン・ドイルはロカールと面識はなかった。だとすると、コナン・ドイルがリヨンを訪れてロカールに会った説や、ジュール・ボノーを雇っていた説は、いつ、誰が言い出したのだろうか？

長らく謎だったのだが、本書でようやく判明した。一九五九年にラジオ番組に出演したロカールが、コナン・ドイルがリヨンに来て犯罪博物館を訪れたと話していたのだ。さらに、ジュール・ボノーの写真を見て「私の運転手だ」と発言した、と続けていた。

また、ロカールは「デテクティブ」誌にも、ボノーが一時ロンドンに行き、運転手として働いていたという記事を寄稿した。

ロカール当人がこのように発信したことで、この逸話は広く信じられてしまったらしい。

なぜロカールが逸話の主をアシュトン・ウルフからコナン・ドイルに変更してしまったのか、理由は定かではない。著者ショーヴィは、ロカールが「稀代のストーリーテラー」であることを指摘している。作家でもあり、人を楽しませるのが大好きなロカールは、「こっちの方が面白い」とばかりに話を盛ったのだろう。

最後に、シャーロック・ホームズとロカールの共通点を挙げてみよう。フランス・ホームズ協会のジャン＝ピエール・クローザー氏によると

●ホームズは探偵として、ロカールは鑑定人として、個人で仕事をしている。ロカールは公務員ではなく、個人的に文書鑑定を引き受けて報酬を得ていた。

●論文を多数書いている。ホームズは「各種タバコの灰の識別」という論文を書いたが、ロカールは犯行現場で見つかった灰からタバコを識別することに関する論文「微量粉塵の分析」を発表した。

●音楽好きである。ホームズはヴァイオリンを演奏し、ラッススの多声聖歌曲に関する小論文を書いていた。ロカールはピアノの名手で、音楽雑誌に寄稿し、バイロイト音楽祭にも行った。

これに付け加えるなら、

●レジオンドヌール勲章を受勲していること。

●依頼人の懐具合に応じて、報酬を変えた。裕福な客からは高い報酬をとり、それ以外の客には安い報酬で応じた。

尚、シャーロック・ホームズは「ライゲイトの大地主」という事件の中で、一八八七年春にリヨンを訪れたという記述がある。ロカール少年が九歳の頃だ。

Dick Gillmanの“*Sherlock Holmes and The Fallen Photographer*”という海外のホームズ・パスティーシュに、若きロカールが出てくる。鑑識写真家が殺害され、ホームズとロカールが捜査に協力するようだ。

本書ではリヨン在住の著者ショーヴィのロカールへの敬愛を感じるが、一つ不満がある。原書は写真豊富なビジュアル本なのだが、歴史作家であるショーヴィなら、ビジュアル本にせずとも第一級の伝記を書けたはずだ。恐らく著者はロカールの伝記を出したかったと思われるが、先にMichel Mazévetによる“*Edmond Locard: Sherlock Holmes Français*”という伝記が出てしまったためやむなくコンセプトを変え、半ば科学捜査史、半ば伝記のビジュアル本という形になったのだろう。

紙面の都合もあり、日本語版では掲載する写真を厳選し、数を絞った。

訳者あとがき

本書の刊行にあたって、鳥影社の百瀬精一さん、戸田結菜さん、校閲の矢島由理さんにお世話になった。

本書に登場するコナン・ドイルの「シャーロック・ホームズ」シリーズは、光文社文庫（日暮雅通訳）を引用した。

【引用・参考資料】

エドガー・アラン・ポー『E・A・ポー　ポケットマスターピース』（丸谷才一他訳、集英社、二〇一六年）
ウィリアム・シェイクスピア『ハムレット』（小田島雄志訳、白水Uブックス、二〇一五年）
ハリイ・ゼーダーマン『犯罪を追って――ある警察人の生涯』（池田健太郎訳、東京創元社、一九六〇年）
ドラマ「CSI：マイアミ」シーズン2、エピソード4「餌食」
ドラマ「アストリッドとラファエル　文書係の事件録」NHK版第四話「呪われた家・後編」
ヴァル・マクダーミド『科学捜査ケースファイル　難事件はいかにして解決されたか』（久保美代子訳、化学同人、二〇一七年）
E・J・ワグナー『シャーロック・ホームズの科学捜査を読む――ヴィクトリア時代の法科学百科』（日暮雅通訳、河出書房新社、二〇〇九年）
ザカリア・エルジンチリオール『犯罪科学捜査　接触あるところに痕跡あり』（高林茂訳、三修社、二〇〇四年）
ケイト・ウィンクラー・ドーソン『アメリカのシャーロック・ホームズ』（高山祥子訳、東京

創元社、二〇二二年）
遠藤周作『フランスの大学生』（新風舎文庫、二〇〇五年）
金承哲『遠藤周作と探偵小説』（教文館、二〇一九年）
Edmond Locard "*Mémoires d'un criminologiste*" Libraire Arthème Fayard,1958
Marielle Larriaga "*La fabuleuse histoire d'Edmond Locard, flic de province*" Editions des Traboules, 2007
Michel Mazévet "*Edmond Locard: Sherlock Holmes Français*" Editions des Traboules, 2006
H. Ashton-Wolfe "*Outlaws of Modern Days*" Pomona Press, 2006
Jean-Pierre Crauser "*L'affaire Doyle-Locard-Bonnot*" Société Sherlock Holmes de France, 2001 n°10
Jean-Pierre Crauser "*Edmond Locard, le Sherlock Holmes français*" Société d'études holmésiennes de la Suisse romande, 2010

写真・図のクレジット

【表紙】　顕微鏡に向かうロカール

【第1章】

p.20　警察の手荒な捜査が新聞の一面を飾る。

p.21上　ド・ディオン＝ブートンに飛び乗りエンジンかけろ！　1911年、機動班に自動車が導入される。

p.21下　モンジュロン近郊セナールの森で張り込み。ボノー団は死を恐れない。

p.24　ルイ・レピーヌ（1846－1933）とジョルジュ・クレマンソー（1841－1929）、ショワジー＝ル＝ロワにて（1908年）

p.26　機関誌で紹介された人体測定の様子（1893年）

p.28　人体測定法を考案したアルフォンス・ベルティヨン。正面と横顔（1900年8月22日撮影）

p.31　ラヴァショルことフランソワ・クラウディウス・ケーニヒシュタイン（1859－1892）は元工員のテロリスト、アナーキスト。人体測定ファイルに記録された。

p.36　ウィリアム・ハーシェル（1833－1917）が採取した指紋（1859～1860年頃）

p.37左　フランシス・ゴルトン（1850～1860年頃）

p.37右　アルゼンチンの指紋研究家ファン・ブセティッチ

【第2章】

p.49　アレクサンドル・ラカサーニュ（1843－1924）

p.51　＜ミルリーのトランク事件＞の挿絵「ル・プチ・ジュルナル・ディモンシュ」紙（1890年12月20日）。1. 犯行、2. トランク、3. ミルリー、4. 警察が踏み込む

p.53　エドモン・ロカール：ヴィルマンジー陸軍病院の軍医助手の頃（1898年）

p.57　犯罪者の顔のプレート。ロンブローゾ『犯罪者論』より

p.58　ローザンヌ科学警察研究所の創設者アーチボルト・ライス

【第3章】

p.69　刺青

p.70　リヨン裁判所（1910年）

p.73　研究所の書斎で仕事中のエドモン・ロカール

p.75　指紋を調べる。犯罪捜査そのものを根本からひっくり返した。

p.77　犯行現場では、わずかな痕跡も利用できる。

写真・図のクレジット

p.80左　エドモン・ロカールは従妹リュシー・スリエと結婚する（1912年4月11日）。
p.80右　左から妻リュシー、息子ジャックを抱いたエドモン・ロカール、義妹ガブリエル・スリエ、義母マルト・スリエ（1916年9月）
p.85　渡米中のエドモン・ロカールとジュスタン・ゴダール（右）、レジスター工場主パターソンの娘ジューダと。オハイオ州デイトンにて（1918年）

【第4章】

p.92　髪、足跡などあらゆる証拠を調べる。
p.95左　テーブルを囲むロカールとスタッフ。左手前はシャンボン、右手前はマリウス・デュフォー
p.95右　スウェーデン出身の研修生ハリー・セーデルマン。ロカールに「最も優秀」と言われた。
p.100左　証拠の分析後、鑑定報告書をまとめる。
p.100右　地面に残った痕跡
p.103　匿名の手紙について、ロカールの捜査の速報が全国紙に載る。
p.109上　人体の型。負傷した犯人が泥の上で転倒後、逃亡。ロカールの研究所で型を取り、ベストとダブルボタンの跡から犯人が判明した。
p.109下　犯罪者は皆、痕跡を残す。上着の弾痕や靴の裏を調べる。
p.117　グラフォスコープ
p.123　レンヌの軍法会議でベルティヨンは、ドイツ大使館付武官の屑籠で見つかった覚え書きはドレフュス大尉の筆跡だと判定し、そこから有罪となった（1899年「ル・プチ・ジュルナル」紙）。

【第5章】

p.133　シャーロック・ホームズというあだ名は国境を越えた。
p.138　アーサー・コナン・ドイル（1925年頃）
p.141　コナン・ドイル（右）とアシュトン・ウルフ
p.149　ジョン・エドガー・フーヴァー（1936年頃）
p.152　国際犯罪学アカデミーを創設。左からビショフ（スイス）、チュルケル（オーストリア）、ファン・レデン・ハルスボッシュ（オランダ）、ポップ（ドイツ）、ロカール（フランス）

【第6章】

p.165　『捜査術の手引書』第三版（1939年）
p.166　化学実験を注視するロカール
p.172　教授らしいロカール
p.178　チェコスロバキアの勲章
p.187左　フレデリック・ダール夫妻と猫（1962年）

p.187 右　映画「LA MENACE」ポスター。ジェラール・ウリ監督、ロベール・オッセン、マリ＝ジョゼ・ナット出演、フレデリック・ダール脚本（1960 年）

【第 7 章】

p.199　ロカールの息子ジャック。父の机で

p.202　現在のリヨン、メルシエール街

p.204　『ある犯罪学者の回想録』（1958 年）

p.213　名高い「国王ルイ 17 世の謎」で、歴史作家アンドレ・カステロはロカールに調査を依頼した。

p.219　晩年のロカール。その捜査術の初勝利を飾ったリヨン裁判所にて

p.221　「CSI：NY」よりゲイリー・シニーズ、ヒル・ハーパー、エディ・ケイヒル（2008 年、シーズン 4）

出典一覧

【はじめに】

1　1919年5月20日、リヨン科学文芸アカデミー入会演説より。Edmond Locard, Les Méthodes scientifiques de l'enquête judiciaire, Lyon, A. Rey,1919.

【第1章】

1　2010年4月8日、サン＝ジャン通り旧科捜研跡記念プレート除幕式にて、ドゥニーズ・スタニャーラ談

2　Edmond Locard, <<L'œuvre d'Alphonse Bertillon>>, Archives d'anthropologie criminelle, de médecine légale et de psychologie normale et pathologique, n°243, 1914.

3　Edmond Locard, Archives d'anthropologie criminelle, n°117, 1903.

4　*Nature*

5　Edmond Locard, *Traité de criminalistique*, tome I, Lyon, Éditions Joannès Desvignes et Cie, 1931.

6　Ibid.

【第2章】

1　自伝に関するタイプメモ。 Fonds Locard, Archives municipales de Lyon (A.M.), cote 31 ii 3.

2　Ibid.

3　Ibid.

4　Edmond Locard, Le XVIIe siècle médico-judiciaire, thèse de médecine, Paris-Lyon, A. Storch et Cie, 1902.

5　Ibid.

6　Philippe Artières, <<Dans les petits cahiers d'un savant>>, Gryphe, Bibliothèque municipale de Lyon (B.M.), n°2, 1er semestre 2001.

7　Ibid.

8　Gérard Corneloup, <<Un médecin dans la ville>>, Gryphe, B.M., n°8, 1er semestre 2004.

9　Ibid.

10　Edmond Locard, Le XVIIe siècle médico-judiciaire, op. cit.

11　自伝に関するタイプメモ。op. cit.

12　Edmond Locard, avant-propos aux *Mémoires d'un criminologiste*, Paris,

Librairie Arthème Fayard, 1957.

13 Olivier Bosc, <<Nous nous sommes tant aimés>>, Gryphe, B.M., n°8, 1er semestre 2001.

14 Ibid.

15 Edmond Locard, <<Les services actuels d'identification et la fiche internationale>>, VIe congrès international d'anthropologie criminelle, Turin, 28 avril-3 mai 1906.

16 Edmond Locard, Mémoires d'un criminologiste, op. cit.

17 Lyon, A. Rey, 1904.

18 Lyon, A. Storck et Cie, 1903.

19 Edmond Locard, les Policiers dans les romans d'Émile Gaboriau, Lyon, A. Rey, 1910.

20 Ibid.

21 ドゥニーズ・スタニャーラ談、2011年10月28日

22 Edmond Locard, <<Conan Doyle, médecin, criminaliste et écrivain>>, Les Cahiers de Marottes et Violons d'Ingres, Paris, 3e trimestre 1960.

23 Clément Sahuc, <<Le médecin du jour>>, L'Informateur médical, 5 mai 1922.

24 Edmond Locard, <<Le laboratoire de police>>, Archives internationales de médecine légale, janvier-avril 1911.

25 Ibid.

【第3章】

1 ラジオ番組でのコメントをアンドレ・ミュールがまとめたもの。<<Les mémoires improvisés du Dr E. Locard>>

2 Ibid.

3 Ibid.

4 タイプメモ。Edmond Locard, <<La vie du laboratoire de police>>, Fonds Locard, A.M., 31 ii 53.

5 <<Les mémoires improvisés du Dr E. Locard>>, op. cit.

6 タイプメモ。Edmond Locard, <<La vie du laboratoire de police>>, Fonds Locard, A.M., 31 ii 53.

7 Edmond Locard, <<Note sur le fonctionnement du service anthropologique de Lyon>>, Archives d'anthropologie criminelle, n°201-202, t.XXX, octobre 1910.

8 Ibid.

9 Ibid.

10 Edmond Locard, <<La vie du laboratoire de police>>, op. cit.

11 Edmond Locard, <<Les premiers cours de police à l'usage des romanciers>>, *Je sais tout*, février 1939.

12 Robert Corvol <<Souvenirs d'Edmond Locard>>, Le Parisien libéré, 18 avril 1957.

13 <<Les mémoires improvisés du Dr E. Locard>>, op. cit.

14 Philippe Artières, Claire Bustarret et Muriel Salle, Percevoir l'invisible. Le travail de l'expert en écriture selon Edmond Locard (1877-1966), Paris, Mission de recherche droit et justice, février 2010.

15 エドモン・ロカールによるメモ。Fonds Locard, A.M., 32 ii 53.

16 Fonds Locard, A.M., 31 ii 92.

17 Fonds Locard, A.M., 31 ii 53.

18 Edmond Locard, *Mémoires d'un criminologiste*, op. cit.

19 Philippe Valode, *Les Dossiers secrets de la Grande Guerre*, Paris, Alphée, 2011

20 Edmond Locard, *Mémoires d'un criminologiste*, op. cit.

21 Ibid.

22 カルティエ将軍の報告書より。s. d., Fonds Locard, B. M. (boîtes thématiques).

23 Edmond Locard, *Mémoires d'un criminologiste*, op. cit.

24 Edmond Locard, *Journal de guerre aux États-Unis en 1918. Mission Justin Godart*, Lyon, Éditions des Traboules, 2007.

25 Ibid.

【第 4 章】

1 シーズン 2、エピソード 4

2 Edmond Locard, *La Police, ce qu'elle est, ce qu'elle devrait être*, Paris, Grasset, 1918.

3 1919 年 5 月 20 日、リヨン科学文芸アカデミー入会演説より。Edmond Locard, Les Méthodes scientifiques de l'enquête judiciaire, Lyon, A. Rey,1919.

4 Christian Jalby, *La Police technique et scientifique*, Paris, Presses universitaires de France, 2010

5 『犯罪を追って――ある警察人の生涯』ハリイ・ゼーダーマン著、池田健太郎訳、東京創元社（1960 年）

6 Ibid.

7 *Le Radical*, 13 novembre 1925.

8 André Mure, <<Edmond Locard chez lui>>, bulletin de l'Académie du Merle Blanc, n°9, automne 2000.

9 Harry Söderman, op. cit.

10 Edmond Locard, *Confidences, souvenirs d'un policier*, Lyon, Éditions Lugdunum, 1942.

11 <<Les mémoires improvisés du Dr E. Locard>>, op. cit.

12 Jean-Yves Le Naour, <<L'affaire de Tulle (1917-1922). Peur sur la ville>>, *Historia*, mars 2007.

13 Edmond Locard, *Mémoires d'un criminologiste*, op. cit.

14 Laurent Teil, Edmond Locard (1877-1966) et la criminalistique, maîtrise d'histoire, université Lyon-III, 1997-1998.

15 Edmond Locard, *Traité de criminalistique*, tome I, préface, op. cit.

16 *Policiers de roman et policiers de la laboratoire*, Paris, Payot.

17 Paul Voivenel, <<Les médecins policiers>>, Le Lien médical, avril 1936.

18 Richard J. Mosseri, *Images*, octobre 1936.

19 Paul Voivenel, <<Les médecins policiers>>, op. cit.

20 Harry Söderman, op. cit.

21 Edmond Locard:<<Le Musée de criminalistique de Lyon>>, Lyon touriste, n°271, 1936.

22 Philippe Artières, Claire Bustarret et Muriel Salle, op. cit.

23 Fonds Locard, A.M., 31 ii 57.

24 1929 年 10 月 18 日付の手紙。Fonds Locard, A.M., 31 ii 93.

25 アシェルベ氏の手紙。Fonds Locard, A.M., 31 ii 57.

26 *Le Petit Parisien*, 17 et 18 novembre 1925.

27 *Le Petit Parisien*, 25 avril 1934.

28 Edmond Locard, *Traité de criminalistique*, op. cit., tome IV, p.148.

29 Fonds Locard, A.M., 31 ii 54.

30 Ibid.

31 Fonds Locard, A.M., 31 ii 58.

32 Paris, Flammarion, 1920.

33 *L'Affaire Dreyfus et l'Expertise de documents écrits*, Lyon, Éditions Joannès Desvignes et Cie, 1937.

出典一覧

【第5章】

1 孫のユベール・バラル博士より提供されたバラル医師の文書

2 *La Tribune espérantiste*, avril-juin 1936.

3 *Traité de criminalistique*, op. cit., tome I, p.29.

4 タイプメモ。Edmond Locard, <<La vie du laboratoire de police>>, p.5, Fonds Locard, A.M., 31 ii 53.

5 Paris, Christian Bourgois éditeur, 1974.

6 Document de l'INA, <<Centenaire de la naissance de Arthur Conan Doyle>>, Actualités de midi, 22 mai 1959.

7 New York, Carroll & Graf Publishers Inc, 1991.

8 Jean-Pierre Crauser: <<L'Affaire Doyle-Locard-Bonnot>>, Société Sherlock Holmes de France, 2001 n°10.

9 1936年12月1日付のエドモン・ロカールからアンリ・ダンジュー宛の手紙。Fonds Locard, A.M., 31 ii 58.

10 1927年1月11日付のエドモン・ロカールの手紙。Fonds Locard, A.M., 31 ii 41.

11 Fonds Locard, A.M., 31 ii 53.

12 Fonds Locard, A.M., 31 ii 58.

13 1930年12月2日付のメモ。A.D.R., série 4 M 10.

14 1932年1月22日付の手紙。<<Finger Print Bureau, Criminal Investigation Department, New Scotland Yard>>, Fonds Locard, A.M., 31 ii 86.

15 1928年4月21日付の手紙。Fonds Locard, A.M., 31 ii 57.

16 *Le Petit Parisien*, 8 février 1930.

17 1930年2月12日付の手紙。Fonds Locard, A.M., 31 ii 93.

18 1930年7月12日付の手紙。Fonds Locard, A.M., 31 ii 93.

19 1932年2月23日付の手紙。Fonds Locard, A.M., 31 ii 93.

20 1934年10月12日付のエドモン・ロカール宛の感謝状。Fonds Locard, A.M., 31 ii 93.

21 Fonds Locard, A.M., 31 ii 93.

22 手紙。Fonds Locard, A.M., 31 ii 93.

23 ローザンヌ国際犯罪学アカデミー会議のレポート。Harry Söderman, Revue internationale de criminalistique, Lyon, Éditions Joannès Desvignes et Cie, 1938.

24 Fonds Locard, A.M., 31 ii 93.

25 Lyon, Éditions Joannès Desvignes et Cie.

26　Fonds Locard, A.M., 31 ii 78.

【第6章】

1　Fonds Locard, A.M., 31 ii 56.
2　B.M., (boîtes thématiques) Locard 戦時中のチラシ、パンフレット
3　Harry Söderman, op. cit.
4　Ibid.
5　1942年10月23日付のエドモン・ロカールから警察署長宛の手紙。Fonds Locard, A.M., 21 ii 57.
6　1943年5月11日付のエドモン・ロカールからピエール・ブレ宛の手紙。Fonds Locard, A.M., 31 ii 82.
7　タイプメモ。<<Les affaires en cours. L'unité dans l'enquête>>, [s.d], Fonds Locard, A.M., 31 ii 53.
8　Édouard Ebel, <<Écoles de police>>, *Histoire et Dictionnaire de la police*, Paris, Robert Laffont,<<Bouquins>>, 2005.
9　Gérard Chauvy, *Lyon* 40-44, Payot, 1993, p.325-330.
10　Fonds Locard, A.M., 31 ii 119.
11　Edmond Locard, *Mémoires d'un criminologiste*, op. cit.
12　Ibid.
13　1944年10月20日付の手紙。Fonds Locard, A.M., 58.
14　Fonds Locard, A.M., 31 ii 88.
15　タイプメモ。[s. d.], Fonds Locard, A.M., 31 ii 53.
16　Maurice Jacob et Gérard Truchet, <<Edmond Locard, 1877-1966>>, Bulletin de la Société des amis de Lyon et de Guignol, n° 240, mars 2007.
17　Daniel Sirach : <<Quand le jeune Frédéric Dard fréquentait l'éminent criminologiste Edmond Locard>>, *Le Monde de San-Antonio*, n°54, automne 2010
18　Frédéric Dard, *Équipe de l'ombre*, Lyon, Éditions Lugdunum, 1941.
19　Frédéric Dard, *Le Cirque Grancher*, Lyon, Éditions de Savoie, 1947.
20　Lyon, Éditions de Savoie, 1943.
21　ドゥニーズ・スタニャーラ提供の資料
22　Frédéric Dard, *Le Cirque Grancher, op*. cit.
23　Daniel Sirah, *Le Monde de San-Antonio*, op. cit.
24　*L'Effort*, 8-9 mai 1943.
25　Fonds Locard, A.M., 21 ii 57.

26 1945年8月7日付の手紙。Fonds Locard, A.M., 31 ii 57.

【第7章】

1 *Regards*, 21 janvier 1949.

2 1946年6月20日付のエドモン・ロカールからデモリオン宛の手紙。Fonds Locard, A.M., 31 ii 82.

3 *Le Tout Lyon*, 15 janvier 1950.

4 1950年11月3日付の手紙。Fonds Locard, A.M., 31 ii 57.

5 1950年12月4日付の手紙。Fonds Locard, A.M., 31 ii 57.

6 1951年1月11日付のピエール・ベルトーの手紙。Fonds Locard, A.M., 31 ii 57.

7 アンリ・ロカール談、2010年4月8日。archives Denise Stagnara.

8 ドゥニーズ・スタニャーラ談、2011年10月28日。

9 1951年1月23日付の手紙。Fonds Locard, A.M., 31 ii 57.

10 Fonds Locard, A.M., 31 ii 136.

11 Edmond Locard, avant-propos par Robert Corvol, *Mémoires d'un criminologiste*, op. cit.

12 André Mure, <<Edmond Locard chez lui>>, op. cit.

13 Ibid.

14 ドゥニーズ・スタニャーラ談、2011年10月28日。

15 プレスリリースより。Fonds Locard, A.M., 31 ii 94.

16 Éditions Presses de la Cité, 1956.

17 Harry Söderman, op. cit.

18 Philippe Artières, <<Les jeux d'écritures sont des jeux dangereux.....>>, Percevoir l'invisible, op. cit.

19 Roger Perrin, *Le Progrès*, 29 janvier 1960.

20 Armand Flassch[Lanoux], <<Une heroine de fait divers. Le procès de Meg, la"Veuve rouge" >>, *Historama*, n°27.

21 プレスリリースより。Fonds Locard, A.M., 31 ii 4.

22 タイプメモ。<<Les affaires en cours. L'unité dans l'enquête>>, [s. d.], Fonds Locard, A.M., ii 53.

23 鑑定報告書より。Fonds Locard, A.M., 31 ii 111.

24 1941年に誕生したリヨンのオペラ愛好家団体。団体名は天井桟敷席で見られる。

25 André Mure, <<Edmond Locard chez lui>>, op. cit., et *Lyon, mon pays*, Lyon, Éditions des Traboules, 2001.

26　1966年2月7日付の手紙。Fonds Locard, A.M., 31 ii 82.
27　ドゥニーズ・スタニャーラ談、2011年10月28日。
28　André Mure, <<Edmond Locard chez lui>>, op. cit.
29　*Métro*, 2010

年表

年	エドモン・ロカール
1877	誕生
1895	リヨン大学医学部に入学
1901	ラカサーニュに師事
1910	リヨン警察人体測定課（後の科学捜査研究所）を創設
1912	結婚
1914	フランス陸軍暗号解読部門に配属
	息子ジャック誕生
1917	娘ドゥニーズ誕生
1918	ゴダールと共に米国周遊
	レジオンドヌール勲章シュヴァリエを受勲
1922	チュールで匿名の手紙事件を解決する
1931	『犯罪捜査学論』1、2 巻を出版
	国際犯罪学アカデミーを設立
1938	息子ジャックが科捜研に加わる
	レジオンドヌール勲章オフィシエを受勲
1940	作家フレデリック・ダールと知り合う
1943	リヨン科学捜査研究所が国有化される
	国王ルイ 17 世をめぐる調査に協力
1946	戦時中の活動の功績でレジスタンス勲章を受勲
1950	レジオンドヌール勲章コマンドゥールを受勲
1951	科学捜査研究所を退職
1952	息子ジャック死去（38 歳）
1958	自伝『ある犯罪学者の回想録』を出版
1966	死去（88 歳）

年	世界の出来事
1882	パリ警視庁でベルティヨン方式を試用
1887	コナン・ドイル『緋色の研究』を発表
1889	ミルリーのトランク事件でラカサーニュが調査
1892	ファン・ブセティッチが犯罪捜査に指紋を活用
1894	ドレフュス事件
1898	グロスがグラーツ大学に犯罪科学研究所を創設
1901	ロンドン警視庁で指紋鑑識を採用
1907	フランス警察に機動班誕生
1909	ライスがローザンヌ大学に科学警察研究所を創設
1910	ハインリッヒがカリフォルニアで科学研究所を立ち上げる
1911	ボノー団がソシエテ・ジェネラル銀行を襲撃
1914	第一次世界大戦勃発
1918	終戦
1924	フーヴァーがBOI（後のFBI）局長に就任
1930	コナン・ドイル死去
1932	リンドバーグ愛息誘拐事件の捜査にセーデルマンが協力
1939	第二次世界大戦勃発
1940	フランスがナチスドイツに占領される
1944	フランス解放
1945	終戦
1985	ジェフリーズがDNA解析技術を開発
2000	米ドラマ「CSI：科学捜査班」放送開始

〈著者紹介〉
ジェラール・ショーヴィ（Gérard Chauvy）
1952年生まれ。フランスのジャーナリスト、歴史研究家。主に出身地リヨンや第二次世界大戦中の歴史、レジスタンス活動に関する数多くの著書を出版。歴史雑誌「Historia」などに寄稿。

〈訳者紹介〉
寺井杏里（てらい　あんり）
上智大学文学部フランス文学科卒業。翻訳者。日本シャーロック・ホームズ・クラブ会員。訳書にレウヴァン『シャーロック・ホームズの気晴らし』、ムルティ『ホームズ、ニッポンへ行く』（国書刊行会）。

科学捜査とエドモン・ロカール
—フランスのシャーロック・ホームズと呼ばれた男—

2023年3月13日初版第1刷発行
著　者　ジェラール・ショーヴィ
訳　者　寺井杏里
発行者　百瀬精一
発行所　鳥影社 (choeisha.com)
〒160-0023 東京都新宿区西新宿3-5-12トーカン新宿7F
電話 03-5948-6470, FAX 0120-586-771
〒392-0012 長野県諏訪市四賀229-1（本社・編集室）
電話 0266-53-2903, FAX 0266-58-6771
印刷・製本　モリモト印刷

ISBN978-4-86782-008-7　C0098